Kohlhammer

Fördern lernen – Intervention
Herausgegeben von
Stephan Ellinger

Band 8

Stephanie Wagner

Förderung bei kulturellen Differenzen

Verlag W. Kohlhammer

1. Auflage 2017

Alle Rechte vorbehalten
© W. Kohlhammer GmbH, Stuttgart
Gesamtherstellung: W. Kohlhammer GmbH, Stuttgart

Print:
ISBN 978-3-17-022477-3

E-Book-Formate:
pdf: ISBN 978-3-17-031765-9
epub: ISBN 978-3-17-031766-6
mobi: ISBN 978-3-17-031767-3

Für den Inhalt abgedruckter oder verlinkter Websites ist ausschließlich der jeweilige Betreiber verantwortlich. Die W. Kohlhammer GmbH hat keinen Einfluss auf die verknüpften Seiten und übernimmt hierfür keinerlei Haftung.

Vorwort des Reihenherausgebers

Die Reihe *Fördern lernen* umfasst drei klare thematische Schwerpunkte. Es sollen erstens die wichtigsten *Förderkonzepte und Fördermaßnahmen* bei den am häufigsten vorkommenden Lern- und Verhaltensstörungen dargestellt werden. Zweitens gilt es, die wesentlichen Grundlagen pädagogischer Beratungsarbeit und die wichtigsten *Beratungskonzepte* zu diskutieren, und drittens sollen zentrale *Handlungsfelder pädagogischer Prävention* übersichtlich vermittelt werden. Dabei sind die Bücher dieser Reihe in erster Linie gut lesbar und unmittelbar in der Praxis einzusetzen.

Im *Schwerpunkt Intervention* informiert jeder einzelne Band (1–9) in seinem ersten Teil über den aktuellen Stand der Forschung und entfaltet theoriegeleitet Überlegungen zu Interventionen und Präventionen. Im zweiten Teil eines Bandes werden dann konkrete Maßnahmen und erprobte Förderprogramme vorgestellt und diskutiert. Grundlage für diese Empfehlungen sollen zum einen belastbare empirische Ergebnisse und zum anderen praktische Handlungsanweisungen für konkrete Bezüge (z. B. Unterricht, Freizeitbetreuung, Förderkurse) sein. Schwerpunkt des zweiten Teils sind also die Umsetzungsformen und Umsetzungsmöglichkeiten im jeweiligen pädagogischen Handlungsfeld.

Die Bände im *Schwerpunkt Beratung* (10–15) beinhalten im ersten Teil eine Darstellung des Beratungskonzeptes in klaren Begrifflichkeiten hinsichtlich der Grundannahmen und der zugrundeliegenden Vorstellungen vom Wesen eines Problems, den Fähigkeiten des Menschen usw. Im zweiten Teil werden die Methoden des Beratungsansatzes anhand eines oder mehrerer fiktiver Beratungsanlässe dargestellt und erläutert, so dass Lehrkräfte und außerschulisch arbeitende Pädagogen konkrete Umsetzungen vornehmen können.

Die Einzelbände im *Schwerpunkt Prävention* (16–21) wenden sich *allgemeinen Förderkonzepten und Präventionsmaßnahmen* zu und erläutern praktische Handlungshilfen, um Lernstörungen, Verhaltensstörungen und prekäre Lebenslagen vorbeugend zu verhindern.

Vorwort des Reihenherausgebers

Die Zielgruppe der Reihe *Fördern lernen* bilden in erster Linie Lehrkräfte und außerschulisch arbeitende Pädagogen, die sich entweder auf die Arbeit mit betroffenen Kindern vorbereiten oder aber schnell und umfassend gezielte Informationen zur effektiven Förderung oder Beratung von Betroffenen suchen. Die Buchreihe eignet sich auch für die pädagogische Ausbildung und als Zugang für Eltern, die sich nicht auf populärwissenschaftliches Halbwissen verlassen wollen.
Die Autorinnen und Autoren wünschen allen Leserinnen und Lesern ganz praktische *Aha*-Erlebnisse!

Stephan Ellinger

Einzelwerke in der Reihe Fördern lernen

Intervention
Band 1: Förderung bei sozialer Benachteiligung
Band 2: Förderung bei Lese-Rechtschreibschwäche
Band 3: Förderung bei Rechenschwäche
Band 4: Förderung bei Gewalt und Aggressivität
Band 5: Förderung bei Ängstlichkeit und Angststörungen
Band 6: Förderung bei ADS/ADHS
Band 7: Förderung bei Sucht und Abhängigkeiten
Band 8: Förderung bei kulturellen Differenzen
Band 9: Förderung bei Hochbegabung
Beratung
Band 10: Pädagogische Beratung
Band 11: Lösungsorientierte Beratung
Band 12: Kontradiktische Beratung
Band 13: Kooperative Beratung
Band 14: Systemische Beratung
Band 15: Personzentrierte Beratung
Prävention
Band 16: Berufliche Eingliederung
Band 17: Förderung der Motivation bei Lernstörungen
Band 18: Schulische Prävention im Bereich Lernen
Band 19: Schulische Prävention im Bereich Verhalten
Band 20: Feinfühlig unterrichten
Band 21: Hilfen zur Erziehung

Inhalt

1	Einleitung	11

2	Kultur	14
2.1	Ausgewählte Definitionen von Kultur im Vergleich	15
2.2	Dimensionen und Teilbereiche von Kultur	17
2.3	Ausgewählte Konzepte zu Kulturdimensionen im Vergleich	21
2.3.1	Kulturdimensionen nach Hofstede	21
2.3.2	Erweiterung durch Triandis	23
2.3.3	Kulturdimension nach Benedict und Mead	24
2.3.4	Kulturdimensionen nach Hall	25
2.3.5	Kulturdimensionen nach Gesteland	27
2.3.6	Kulturdimensionen nach Trompenaars	29
2.4	Kulturstandards	31
2.5	Kulturunterschiede und kulturelle Differenzen	33
2.6	Von Kultur über Multikulturalität und Interkulturalität zu Hybridität	36

3	Kultur und Verhalten	39
3.1	Definition von Verhalten	39
3.2	Wechselseitiger Einfluss von Kultur, Persönlichkeit und Verhalten	41
3.3	Kultur als ›Erzieherin im Hintergrund‹	43

3.3.1	Kulturspezifische Erziehungsstile und Funktionen von Erziehung	44
3.3.2	Sozialisation, Enkulturation und kulturspezifische Rollenverständnisse	48
3.3.3	Bikulturelle Sozialisation und hybride Identität	51

4	**Auffälliges Verhalten im kulturellen Kontext**	**55**
4.1	Definitionen von Verhaltensauffälligkeiten	55
4.2	Migrationsbedingt auffälliges Verhalten	57
4.3	Kulturbedingt auffälliges Verhalten	67
4.3.1	Kulturelle und soziokulturelle Normen und Werte als Handlungs- und Einstellungsleitlinien	69
4.3.2	Gültigkeit und Wirkung kultureller Normen	72
4.4	Interkulturelle Konflikte	74
4.5	Ethnozentrismus und gesellschaftliche Probleme	77

5	**Interkulturelle Kompetenz**	**80**
5.1	Interkulturelle Kompetenz nach Erll und Gymnich	81
5.2	Interkulturelle Kompetenz nach Bolten	83
5.3	Interkulturelle Kompetenz nach Thomas	85

6 Allgemeine Ansatzpunkte zur Förderung Interkultureller Kompetenz bei Kindern und Jugendlichen 88

6.1	Definition von Förderung allgemein und im kulturellen Kontext	89
6.2	Interkulturelles Lernen	90
6.3	Zur Bedeutung informeller Lernprozesse im interkulturellen Lernen	92
6.4	Interkulturelle Ressourcen	94
6.5	Exemplarische Förderaspekte	97
6.5.1	Kulturelle Bewusstheit schaffen	98
6.5.2	Auseinandersetzung mit der eigenen Kultur	99
6.5.3	Interesse für fremde Kulturen wecken	100
6.5.4	Kulturelle Barrieren abbauen, Toleranz stärken	102
6.5.5	Sensibilität und Empathie fördern	104
6.5.6	Ambiguitätstoleranz – die interkulturelle ›Zerreißprobe‹	104
6.5.7	Förderung interkultureller Kommunikationsstrategien	105

7 Aspekte und Methoden interkultureller Förderung anhand ausgewählter Beispiele 108

7.1	Spielerisch interkulturelle Fähigkeiten fördern	109
7.1.1	Entwicklungsdimensionen im Spiel	112
7.1.2	Spiele im kulturellen Kontext	114
7.1.3	Praktische Umsetzungsmöglichkeiten und Anregungen anhand ausgewählter Formen des Spiels	117

7.2	Kultursensible Biographiearbeit mit Kindern und Jugendlichen zur interkulturellen Förderung	122
7.2.1	Grundlagen der Biographiearbeit	122
7.2.2	Ausgewählte Methoden	127

8 Konfliktlösung und interkulturelle Mediation mit Kindern und Jugendlichen 144

8.1	Theoretische Grundlagen zu interkulturellen Konflikten	145
8.2	Typisierung von Auslösern in interkulturellen Konflikten	150
8.3	Wahrnehmung und Analyse interkultureller Konflikte mit Kindern und Jugendlichen	155
8.4	Förderung interkultureller Kommunikation in Konflikten	160
8.5	Konfliktlösung und interkulturelle Mediation mit Kindern und Jugendlichen	162

9 Frühzeitiger Aufbau Interkultureller Kompetenzen und lebenslanges interkulturelles Lernen – ein Ausblick 169

Literatur 171

Internetseiten zu Biographiearbeitprojekten 183

1

Einleitung

»Kultur ist die besondere Gestalt, in der [das] Material und [die] gesellschaftliche [...] Organisation des Lebens Ausdruck findet. Eine Kultur enthält die ›Landkarten der Bedeutung‹, welche die Dinge für ihre Mitglieder verstehbar machen. Diese ›Landkarten der Bedeutung‹ trägt man nicht einfach im Kopf mit sich herum: sie sind in den Formen der gesellschaftlichen Organisationen und Beziehungen objektiviert, durch die das Individuum zu einem ›gesellschaftlichen Individuum‹ wird. Kultur ist die Art, wie die sozialen Beziehungen einer Gruppe strukturiert und geformt sind; aber sie ist auch die Art, wie diese Formen erfahren, verstanden und interpretiert werden.« (Clarke et al. 1979, 40 f., zit. n. Nieke 2008, 62)

Es ist wichtig, um Kultur und kulturelle Besonderheiten zu wissen und interkulturelle Unterschiede wahrzunehmen – sowohl in Theorie als auch durch praktische Erfahrungen und Erlebnisse. Ein Igno-

1 Einleitung

rieren oder eine Nivellierung dieser Unterschiede bringt häufig eher den gegenteiligen Effekt, dass Individualität und Kulturspezifisches in seiner Einzigartigkeit nicht oder nur unzureichend wahrgenommen und somit im extremsten Fall auch durch fehlende entgegengebrachte Wertschätzung grundlegend an seiner Entfaltung gehindert wird. Dabei geht es jedoch keineswegs um die (stigmatisierende) Betonung von Unterschieden, um Menschen als Vertreter kultureller Systeme in Interaktionen weiter voneinander zu entfernen, Barrieren oder Distanzen zu schaffen. Vielmehr ist damit die differenzierte Auseinandersetzung und Reflexion eigener und fremdkultureller Denk- und Handlungsmuster gemeint und ein Nachsinnen darüber, welche Rolle Kultur im persönlichen Leben spielt und auch über die Art, mit fremdkulturellen Einflüssen, Kulturgütern, Normen und Werten sowie Interaktions- und Kommunikationsmustern umzugehen. Stellt sich dabei heraus, dass es zwischen Kulturen mehr Gemeinsamkeiten als erwartet gibt, kann dieses Fundament gemeinsamer Interaktionen tragend ausgebaut werden. Stellen sich kulturelle Unterschiede jedoch als Differenzen – im Sinne deutlicher oder sogar konfliktträchtiger Unterschiede – dar, so ist es unentbehrlich, sich dies bewusst zu machen und sie eben nicht zu unüberbrückbaren Barrieren werden zu lassen, sondern bewusst an deren Überwindung zu arbeiten. Dieser Erkenntnisgewinn kann sich jedoch nur einstellen, wenn man bereit dazu ist, sich auf kultursensible und interkulturelle Lernprozesse einzulassen und nicht müde wird, dies ein Leben lang zu tun.

Das vorliegende Buch verfolgt die Intention, im multikulturellen Alltag der Gegenwart für Kulturspezifika durch theoretische Hintergründe und deren Aufarbeitung zu sensibilisieren und darauf aufmerksam zu machen, um so die Reflexionsprozesse über eigen- und fremdkulturelles Denken und Handeln anzuregen und letztlich auch praktische Möglichkeiten zur Umsetzung von Förderung im kulturellen Kontext zu liefern für privaten Alltag wie professionelles Setting. Um das Zitat von Clarke et al. fortzuführen, eröffnet Kultur dann ein »Feld der Möglichkeiten« zur Transformation und Weiterentwicklung (vgl. ebd.).

1 Einleitung

Zu Beginn des Buches werden kulturtheoretische Grundlagen geschaffen, indem sich aus Sicht verschiedener Wissenschafts- und Forschungstraditionen mit Kultur, Kulturdimensionen und -standards auseinandergesetzt wird. Im nächsten Schritt werden Zusammenhang und wechselseitiger Einfluss zwischen menschlichem Verhalten und Kultur herausgearbeitet, um anschließend auffälliges Verhalten im kulturellen Kontext zu betrachten. Hier geht es vor allem um migrations- und kulturbedingt auffälliges Verhalten, interkulturelle Konflikte sowie Ethnozentrismus und dessen Auswirkungen. Das nachfolgende Kapitel setzt sich mit Konzepten Interkultureller Kompetenz auseinander und schafft damit die Basis für den zweiten Teil des Buches, in dem es um den Aspekt der Förderung geht. Beginnend mit einem Abriss über Ansätze zur Förderung Interkultureller Kompetenzen werden dem Leser anhand konkreter Umsetzungsbeispiele mit Hilfe des kindlichen Spiels einerseits und kultursensibler Biographiearbeit andererseits Übungen und Hinweise für die Praxis an die Hand gegeben. Zuletzt wird sich der Frage der Überwindung kultureller Differenzen im Sinne von Konflikten gewidmet und es werden Umsetzungsmöglichkeiten und Ansätze für die interkulturelle Konfliktlösung und -mediation mit Kindern und Jugendlichen angeboten.

2
Kultur

Dieses Kapitel soll einen Überblick über ausgewählte Verständnisse von Kultur geben und sie kontrastierend gegenüberstellen sowie ferner verschiedene Kulturdimensionen vorstellen und erklären, die häufig als Ursache kultureller Missverständnisse oder Konflikte gelten können, weil in interkulturellen Begegnungen Menschen aus Kulturen aufeinandertreffen, die nicht immer die gleiche kulturdimensionale Ausprägung besitzen. Intention ist es, trotz der aufgezeigten, teils divergenten Kulturkonstrukte und -dimensionen abschließend das Konzept der Multi- und Interkulturalität als Weiterentwicklung und ›Überwindung kultureller Unterschiede‹ in den Fokus zu rücken. Überblicksartig lassen sich nach Podsiadlowski folgende übergeordnete, generelle Aussagen zu Kultur festhalten:

- »Kultur ist vom Menschen geschaffen.
- Sie unterliegt ständigem Wandel.
- Kultur beeinflusst stark, wer wir sind und wie wir uns sehen.
- Kultur muss im Laufe der primären Sozialisation erlernt werden.
- Kulturelle Muster werden über Kommunikation erworben und weitergegeben.
- Kultur stellt ein Wert- und Orientierungsmuster für unser Denken, Fühlen und Handeln dar.
- Kultur ist maßgebend für unser Verhalten und unsere Wahrnehmung der Welt.
- Unser [sic!] kulturelle Prägung beeinflusst uns zum großen Teil unbewusst und wird als selbstverständlich angenommen.
- Kultur unterscheidet Gruppen voneinander.«
(Podsiadlowski 2002a, 33, zit. n. ders. 2004, 5)

2.1 Ausgewählte Definitionen von Kultur im Vergleich

Kultur kann als ein spezifisches Orientierungssystem der Menschen verstanden werden, das Struktur im alltäglichen sozialen und gesellschaftlichen Handeln gibt, aber zugleich auch in einem dynamischen Begriffsverständnis gesehen werden, das Kultur einerseits als Kreationsprozess und zugleich als Resultat desselben ausweist. Sie entwickelt sich aus sich heraus (endogen) und durch äußere Einflüsse (exogen) weiter. Ein weiterer essentieller Aspekt in der kulturtheoretischen Diskussion ist die Reziprozität von Entwicklungen: Während der Mensch jederzeit auch kulturelles Wesen ist und durch Kultur geprägt wird, entwickelt er Kultur in all ihren Dimensionen stetig auch weiter. Er ist zugleich Schöpfer und Produkt der Kultur, in der er lebt (▶ Kap. 3.2). Diese wechselseitige Beeinflussung ist für den weiteren Verlauf dieses Buches wichtig.

Da der Begriff »Kultur« aufgrund seiner »Weite und Vieldeutigkeit« (Nieke 2008, 37) schwer zu fassen und einzugrenzen ist, kann auch eine Definition des Terminus stets nur eine heuristische sein, die nach Nieke jederzeit weiterentwickelt bzw. verändert werden müsse (vgl. ebd.). Auernheimer diskutiert sogar die Abschaffung des »Kultur«-Begriffs zugunsten des »Lebenswelt«-Konzeptes, stellt aber auch den »Symbolcharakter und die Orientierungsfunktion von Kultur« heraus (Auernheimer 1999, 30). Um dem per se abstrakten Kultur-Begriff jedoch mehr Tiefe zu geben, sollen überblicksartig ausgewählte Definitionen vorgestellt werden.

Eine kulturanthropologische Definition des Terminus »Kultur« findet sich bei Maletzke. Kultur ist »im Wesentlichen zu verstehen als ein System von Konzepten, Überzeugungen, Einstellungen und Wertorientierungen, die sowohl im Verhalten und Handeln der Menschen als auch in ihren geistigen und materiellen Produkten sichtbar werden. Ganz vereinfacht kann man sagen: Kultur ist die Art und Weise, wie die Menschen leben und was sie aus sich selbst und ihrer Welt machen« (Maletzke 1996, 16).

Diese recht allgemeine Definition soll nachfolgend als grundlegende Definition gelten, da sie den Vorteil besitzt, bereits auf verschiedene Dimensionen von Kultur (soziale Interaktion, geistige und materielle Produkte) einzugehen. Noch allgemeiner und knapper formuliert Nieke es in seiner Definition: »Kultur ist die Gesamtheit der kollektiven Orientierungsmuster einer Lebenswelt (einschließlich materieller Manifestationen)« (Nieke 2008, 50).

Neben einer zeitlichen Dimension von Kultur verweist Falicov in seiner Definition, die von Hegemann übersetzt wurde, auf den Aspekt des ›kleinsten gemeinsamen Nenners‹ der Menschen, die in dieser Kultur leben, die kulturelle Standards als für alle Mitglieder verbindlich ansehen: »Kultur ist ein für uns alle geltender Hintergrund von etablierten und über Generationen überlieferten Sichtweisen, Werten, Ansichten und Haltungen, welche einerseits unser ganzes Denken, Fühlen und Handeln beeinflussen, die wir andererseits aber in individueller wie auch kollektiver Weise übernehmen, modifizieren und weiterentwickeln und zwar in Abhängigkeit von unserer Teilhabe an unterschiedlichen Kontexten« (Falicov 1995, übersetzt von und zit. n. Hegemann 2004, 80).

Einen weiteren interessanten, die Perspektive erweiternden Aspekt bietet die Definition von Bühl, der Kultur aus einem systemtheoretischen Verständnis heraus dynamisch beschreibt:»Kulturen in diesem Sinn sind Systeme von sozial übermittelten Verhaltensmustern, [...]. Kultur sei ferner als ›lebendes System‹, als Organismus aufzufassen« (Bühl 1987, 12 ff., zit. n. Nieke 2008, 62 f.).

Abschließend soll noch eine interessante Differenzierung von Bolten hervorgehoben werden, der den Kultur-Begriff in einen engen, streng genommen nur Kult(us) sowie Hochkultur und damit verbundene Kulturtechniken sowie -güter umfassenden, und einen weiten bzw. erweiterten unterteilt, der biologische Kulturen und vor allem Lebenswelten mit hinzu nimmt (vgl. Bolten 2007, 11 f.). Bolten uneingeschränkt zustimmend soll der erweiterte, lebensweltlich definierte Kulturbegriff Grundlage dieses Buches sein, weil er »weniger ausgrenzt als integriert, [...] ihm keine zeitlosstatische, sondern eine historisch-dynamische Bedeutung eigen ist, und [...] er sich Wertungen zu entziehen versucht. Damit beinhaltet der Kulturbegriff wesentliche Voraussetzungen, die erbracht sein müssen, um Prozesse kulturübergreifenden Handelns ohne Wertungsbedürfnis beginnen und mitgestalten zu können« (ebd., 13).

2.2 Dimensionen und Teilbereiche von Kultur

Die vielfache und vielseitige Verwendung des Terminus ›Dimension‹ im kulturtheoretischen Kontext ist leider begrifflich verwirrend. Zum einen wird von Dimensionen als Teilbereichen oder Elementen von Kultur, zum anderen von ›Dimensionen‹ im Kontext von distinktiven Variablen der Kultur gesprochen (▶ Kap. 2.3), die dimensionale Ausprägung haben und anhand von kontrastierenden (Extrem-)Werten eine Einteilung und Charakterisierung von Kulturen ermöglichen sollen. An dieser Stelle soll es nun um die erstgenann-

2 Kultur

te Verwendung von Kulturdimensionen als Teilbereichen von Kultur gehen.

Nach Nieke beruht ›Kultur‹ auf den drei Dimensionen Lebenswelt, Orientierungs- und Deutungsmuster sowie »Materielle[n] Manifestationen« (Nieke 2008, 64), der Dimension, die im Gegenzug zur interaktionistischen und psychischen Realität der anderen beiden materiale Resultate derselben darstellt und ein dahinterliegendes Deutungsmuster oder einen Lebensweltbezug symbolisiert (vgl. ebd., 64).

Abb. 1: Kulturdimensionen nach Nieke (vgl. 2008)

Eine ähnliche Einteilung in drei Dimensionen nehmen Erll & Gymnich (vgl. 2007, 22 ff.) vor, differenzieren jedoch in soziale, materiale und mentale Dimension anhand einer Achse, die in Beobachtbares und Nicht-Beobachtbares trennt. Unter die soziale Dimension fallen Interaktionen zwischen Mitgliedern der Kultur, aber auch Strukturen, Organisationen und Institutionen, in denen sich gesellschaftliche Prozesse und soziale Interaktionen repräsentiert finden. Ebenso zählen dazu kulturspezifische Sozialisations- oder Enkulturationsprozesse, d. h. das Hineinwachsen in Kultur und Gesellschaft sowie das sog. ›kollektive Gedächtnis‹, das die generative Weitergabe von Werten, Normen und Vorstellungen in Bezug auf Kultur meint (vgl. ebd., 23). Hinter der Kategorie der materialen Dimension verbergen sich alle »Objektivationen« (ebd.), d. h. Formen kultureller Artefakte wie Kunst, Literatur, Architektur etc. sowie alle Formen der Medien (vgl. ebd.). Die mentale Dimension umfasst kulturelle Standardisierungen, kulturspezifische Codierungen, Denkweisen, Gefühle und Handlungsmuster, die vorwiegend in innerpsychischen Prozessen auftauchen (vgl. ebd., 23 f.) und erst durch Handlungen und Objekte in der materialen und sozialen Dimension für die Umwelt erkennbar werden.

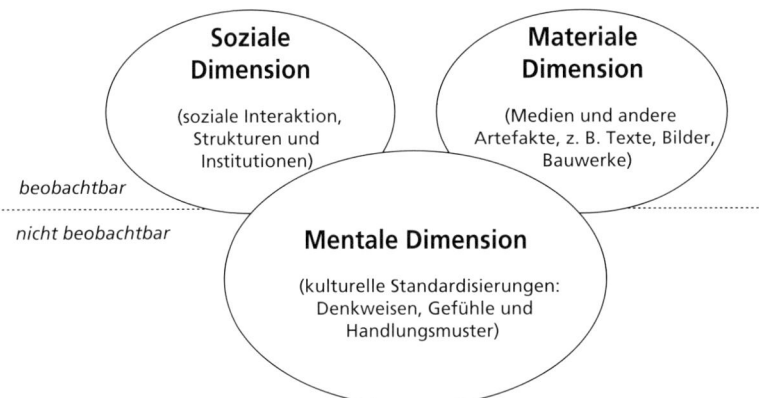

Abb. 2: Kulturdimensionen nach Erll & Gymnich (vgl. 2007)

Diese Differenzierung in materielle Kultur (Beziehung zur Umwelt), soziale Kultur (Beziehung zu Mitgliedern der Gesellschaft) und geistige Kultur (Reflexionen über materielle und soziale Kultur, Normen, Werte, ...) findet sich bereits in älteren Modellen. Auch Thomas bietet, aus der Perspektive der transkulturellen Psychologie, noch eine vielversprechende andere Systematisierung. Er differenziert Kultur in die generative Dimension, d. h. sozialisatorische Prozesse, also »all das, was mit dem Wahrnehmen und Erlernen von Handeln in den verschiedenen Lebensaltern zu tun hat«, zweitens die interaktive Dimension, d. h. den Austausch zwischen persönlichen Erfahrungen und denen der sozialen Umwelt, sowie drittens die konstitutive Dimension, d. h. den »Wandel habitueller kultureller Muster« betreffend (Thomas 2004, 81).

Generative Dimension	Interaktive Dimension	Konstitutive Dimension
sozialisatorische Prozesse (Wahrnehmen und Erlernen von Handeln in den verschiedenen Lebensaltern)	Austausch zwischen persönlichen Erfahrungen und denen der sozialen Umwelt	‚Wandel habitueller kultureller Muster'

Abb. 3: Kulturdimensionen nach Thomas (vgl. 2004)

Schein differenziert weniger drei Dimensionen als vielmehr drei Ebenen, wobei auf der obersten das Verhalten (Sprache, Rituale, Umgangsformen, ...) als sichtbares, aber nicht zweifelsfrei eindeutig interpretierbares Resultat der Kultur steht. Auf zweiter Ebene existieren Normen und Werte, die teilweise sichtbar, teilweise auch unbewusst sind und sowohl impliziten wie auch expliziten Charakter besitzen können. Die Basis oder »Kernsubstanz« bilden nicht sichtbare, häufig unbewusste Basisannahmen (vgl. Schein 1985, 14, zit. n. Podsiadlowski 2004, 7 f.).

Über die Trias der Kulturdimensionen sowie die wechselseitige Verbundenheit dieser als Elemente in kulturellen Systemen scheint also weitestgehend Konsens zu bestehen, jedoch nicht über die kategoriale und inhaltliche Ausrichtung.

2.3 Ausgewählte Konzepte zu Kulturdimensionen im Vergleich

Beim zweiten Begriffsverständnis der sog. Kulturdimensionen handelt es sich nachfolgend um dimensionale Merkmalsausprägungen, die einen Kulturvergleich anhand von Kriterien zulassen. Es geht hier also zentral immer um ein Wesensmerkmal, das charakteristisch für die zu beurteilende Kultur ist und das im interkulturellen Vergleich in anderen Kulturen unterschiedlich stark ausgeprägt sein kann. Durch diese Kontrastierung und bipolare Merkmalsausprägung gelingt der Vergleich verschiedener Kulturen miteinander, das Herausarbeiten von Gemeinsamkeiten und Unterschieden auf den verschiedenen Skalen und der Wesensmerkmale der Kulturdimensionen. Nachfolgend sollen ausgewählte Kulturdimensionen – systematisiert nach Autoren, auf die sie zurückzuführen sind – vorgestellt werden, deren Kenntnis für die Förderung bei kulturellen Differenzen wichtig ist. Obwohl viele dieser Konzepte und Dimensionen aus der internationalen Wirtschaftszusammenarbeit stammen, stellen sie dennoch für den sozialen (pädagogischen, psychologischen, …) Kontext äußerst gewinnbringende Anregungen dar.

2.3.1 Kulturdimensionen nach Hofstede

Hofstede (u. a. 2001; 2006) unterscheidet fünf Dimensionen von Kultur, nach denen Kulturkreise differenziert werden können (vgl. zuletzt Hofstede/Hofstede 2006).

Unter ›*Machtdistanz*‹ ist das Ausmaß zu verstehen, bis zu welchem ungleiche Machtverteilungen innerhalb aller systemischen Ebenen einer Gesellschaft (z. B. Familie, Schule, Institutionen, Staat) toleriert werden (vgl. ebd., 59; Casper-Hehne et al. 2010). Die Ausprägungen werden als *geringe oder große Machtdistanz* charakterisiert.

Als Zweites findet sich bei ihm die Dimension ›*Individualismus/ Kollektivismus*‹, die auch von diversen anderen Autoren genannt bzw. aufgegriffen wird (vgl. z. B. Ellinger 2006; 2007; 2010a; 2010b; Maier/ Pekrun 2003, 299; Mayer 2008, 177). In *individualistischen Kulturen* existieren lockere Bindungen zwischen Mitgliedern einer Gesellschaft: Jeder sorgt für sich selbst, ist für sich selbst und seine eigene (Kern-)Familie verantwortlich. Autonomie und Unabhängigkeit, Selbstbestimmung, individuelle Meinungsbildung gelten als sehr wichtige Werte. Personen aus individualistischen Kulturen verfügen eher über ein independentes Selbstkonzept, was sich als autonom und unabhängig von der Umwelt oder der Gruppe versteht (vgl. dazu Hofstede/Hofstede 2006; Erll/Gymnich 2007; Ellinger 2006; 2007; 2010a; 2010b). Aufgrund dessen werden diese Kulturen auch als idio- oder egozentrisch bezeichnet (vgl. Helfrich 2003, 399).

Im Kontrast dazu verfügen *kollektivistisch orientierte Kulturen* über eine starke Integration der einzelnen Mitglieder in Gruppen (Wir-Gefühl), die von Geburt an und lebenslang besteht. Zugleich ist dies gebunden an nahezu bedingungslose Loyalität gegenüber der Gruppe, z. B. in Form von Unterordnung der Interessen des Einzelnen unter die der Gruppe und hohe Gruppenkonformität bzw. Konformitätsdruck und soziale Kontrolle. Mitglieder aus kollektivistischen Kulturen verfügen eher über ein interdependentes oder reflexives Selbst, das – geprägt vom starken Wir-Gefühl – das eigene Selbst nicht unabhängig, also immer in Relation zur Gruppe sehen kann (vgl. dazu Hofstede/ Hofstede 2006; Erll/Gymnich 2007; Ellinger 2006; 2007; 2010a; 2010b). Sie werden auch als Allozentriker bezeichnet (vgl. Helfrich 2003, 399). Kollektivistische Kulturen gelten eher als personen- und aufgabenzentriert denn individualistische Kulturen. Soziale Harmonie hat in erstgenannten einen höheren Stellenwert als die Verfolgung persönlicher Interessen (vgl. Triandis 1995, zit. n. Helfrich 2003, 396).

Als dritte Dimension differenziert er *Maskulinität vs. Feminität der Kulturen*, wobei hier soziokulturelle, nicht biologische Unterschiede gemeint sind. Es geht weder um demographisch gesehen höhere Frauen- oder Männeranteile innerhalb der Gesellschaft noch geschlechtsspezifische Dominanz in Führungspositionen der Gesellschaft, sondern vielmehr darum, wie flexibel oder rigide Geschlechterrollen gesehen und gelebt werden. Unter *maskulinen Kulturen* versteht Hofstede, wenn diese »emotional klar gegeneinander abgegrenzt sind« (Hofstede/Hofstede 2006, 165). Es liegen also strikte, traditionell interpretierte Rollentrennungen vor. *Feminine Kulturen* hingegen verfügen über emotionale Rollenüberschneidungen, nach denen auch Repräsentation der anderen Geschlechterrolle möglich ist, d. h. Frauen verkörpern auch ›männliche‹ Eigenschaften, Funktionen und Aufgaben und Männer hingegen verfügen über auch als ›weiblich‹ assoziierte Eigenschaften und verwirklichen sich in typischerweise weiblich dominierten Tätigkeitsfeldern.

Als vierte Dimension identifiziert Hofstede *Unsicherheitsvermeidung* als den »Grad, bis zu dem die Mitglieder einer Kultur sich durch uneindeutige oder unbekannte Situationen bedroht fühlen« (ebd., 233). Kulturen verfügen danach über ein unterschiedlich starkes Bedürfnis nach Struktur, Regeln und Vorhersehbarkeit.

Als *Kurzzeit- vs. Langzeitorientierung* bezeichnet Hofstede (ebd., 292 f.) die letzte Kulturdimension. Unter *Langzeitorientierung* wird eine eher zukunftsorientierte kulturelle Ausrichtung, die das »Hegen von Tugenden, die auf künftigen Erfolg hin ausgerichtet sind, insbesondere Beharrlichkeit und Sparsamkeit«, verstanden (ebd., 292 f.). *Kurzzeitorientierung* ist hingegen eher gegenwartsorientiert und umfasst das »Hegen von Tugenden, die mit der Vergangenheit und der Gegenwart in Verbindung stehen, insbesondere der Respekt für Traditionen, Wahrung des ›Gesichts‹ und die Erfüllung sozialer Pflichten« (ebd., 292 f.).

2.3.2 Erweiterung durch Triandis

Eine Erweiterung der Kulturdimensionen von Hofstede findet sich bei Triandis, der Kulturen nicht nur in individualistische und kollektivistische, sondern zusätzlich noch in *horizontale und vertikale* unterteilt. *Horizontale Kulturen* zeichnen sich insbesondere durch flache hierarchische Strukturen und ein hohes Maß an Durchlässigkeit zwischen Positionsinhabern in einer Kultur, *vertikale Kulturen* durch ein hohes Maß an Hierarchie und rigiden Strukturen aus (vgl. Singelis et al. 1995; vgl. dazu auch Triandis et al. 1988; Triandis 1994; 2002).

2.3.3 Kulturdimension nach Benedict und Mead

Sowohl Benedict wie auch Mead identifizieren eine weitere Kulturdimension und differenzieren Kulturkreise in sog. *Scham- oder Ehrkulturen* und in *Schuld- oder Gewissenskulturen* (vgl. Benedict 1946; Mead 1937).

Als *Schamkulturen* werden häufig nichtwestliche, mediterrane, asiatische, orientalische, arabische und muslimische Länder bezeichnet, in denen die Konzepte von Ehre und Schande einen sehr hohen Stellenwert besitzen. Das soziale Leben in diesen Gesellschaften ist durch die Gruppenstruktur bestimmt und geordnet und menschliches Verhalten wird durch sie bewertet. Von Mitgliedern dieser Kulturen wird erwartet, gesellschaftliche Pflichten, die ihnen obliegen, zu erfüllen (vgl. Peristiany 1965, 11; Rodriguez Mosquera 1999, 2, zit. n. Ellinger 2007, 251; Ellinger 2006, 399). Es ist wichtig, sein Gesicht sowie die persönliche Ehre und die der Familie zu wahren und nach außen zu vertreten. Auftretende Schamgefühle gelten als Regulationsmechanismus für individuelles oder kollektives Fehlverhalten und Verletzungen etablierter Normen und Werte (vgl. Raub 1997, 31, zit. n. Ellinger 2007, 251 f.; vgl. Marks o. J.). Ähnlich wie in kollektivistischen Kulturen besitzt die Gruppe (Familie, Gemeinde, Gemeinschaft, Gesellschaft) essentielle Bedeutung für den Einzelnen und fungiert als Kontrollorgan für (Fehl-)Verhalten jedes einzelnen Mitgliedes: »Nach Fehlverhalten wird der betreffenden Person das Wissen um Zugehörigkeit und Angenommen-Sein entzogen, wodurch es zum Gefühl, ›eine verwerfliche Person zu sein‹, kommt« (Schultheis 1997, 98; Lewis 1993, 51 ff., zit. n. Ellinger 2007, 252). Soziale Kontrolle spielt eine wichtige Rolle und Sanktionen für Fehlverhalten finden sich z. B. in sozialem Ausschluss oder der Ächtung durch Mitglieder

der Gruppe. Dementsprechend gelten Lügen, Verschleiern, Vertuschen, Betrügen sowie vom eigenen Fehlverhalten abzulenken als kulturspezifisch akzeptierte Verhaltensweisen, um zuvor genannte Konsequenzen für persönliches Fehlverhalten zu vermeiden, sein Selbstwertgefühl nicht zu mindern sowie die eigene soziale Stellung in der Gemeinschaft nicht zu riskieren (vgl. Schockenhoff 2000, zit. n. Ellinger 2007, 252).

Kontrastierend dazu existieren sog. *Schuld- oder Gewissenskulturen*, bei denen – anstelle der Scham wie in Ehrkulturen – Schuld(-gefühle) und Sühne eine essentielle Rolle im Normengefüge der Gesellschaft einnehmen. Ehrlichkeit, Offenheit und Wiedergutmachung haben einen hohen Stellenwert; Lügen, Vertuschen und Betrügen dagegen sind nicht akzeptiert. Schuldkulturen weisen einige Parallelen zu individualistischen Kulturen auf, gelten auch als eher individualistisch und finden sich z. B. in nord- und westeuropäischen Ländern sowie Nordamerika (vgl. Ellinger 2006, 401).

Es ist jedoch deutlich darauf zu verweisen, dass es sich – trotz Parallelen zu kollektivistischen Kulturen und einer deutlichen Schnittmenge an Kulturen, die sowohl als kollektivistisch wie auch als Schamkulturen zu charakterisieren sind – um zwei unterschiedliche Dimensionen handelt, nicht um identische Merkmale. Die Kulturdimensionen ›Individualismus vs. Kollektivismus‹ sowie ›Scham- vs. Schuldkulturen‹ sind also zwei getrennte Dimensionen.

2.3.4 Kulturdimensionen nach Hall

Erweitert werden soll das Spektrum der bisher ausgeführten Kulturdimensionen noch durch die auf Hall zurückgehenden. Er differenziert zum einen in sog. *High- und Low-Context-Kulturen* (vgl. Hall 1976; 1990, 94 ff.). *High-Context-Kulturen* (kontextgebundene Kommunikationskulturen) legen in Kommunikationsprozessen besonderen Wert auf nonverbale Signale und indirekte Botschaften, d. h. die verbale Äußerung wird von Mimik, Gestik, Stimmlage, Blickkontakt, Körperkontakt oder Nähe zum Gesprächspartner erheblich mitbestimmt. Verbal werden Botschaften nicht auf reiner Sachinformationsebene vermittelt, sondern enthalten vor allem eine Beziehungsebene und weitergehende Informationen zum Beziehungsstatus der Gesprächspartner, zu gemeinsamen Bekannten oder Freunden etc. (vgl. Hall 1976; Mayer 2008, 176; Erll/Gymnich 2007, 41 f.; Casper-Hehne et al. 2010). Gebräuchliche Kommunikationsmuster sind hier implizite Botschaften, Metaphern, Analogien, eine eher prozessorientierte Denk- und Arbeitsweise sowie beziehungsorientierte Konfliktlösung (vgl. Mayer 2008, 176). *Low-Context-Kulturen* lassen sich im Kontrast dazu als eher verbal, direkt, sachorientiert und kontextungebunden in der Kommunikation beschreiben. In der direkten Kommunikation werden weniger kontextbezogene Informationen wie nonverbale Signale, Beziehungsmuster zum Interaktionspartner o. Ä. benötigt (vgl. Hall 1976; Mayer 2008, 176; Erll/Gymnich 2007, 41f; Casper-Hehne et al. 2010). Zudem verfügen Mitglieder dieser Kulturen eher über offene und flexible Gruppenstrukturen. Die Priorität hinsichtlich der Arbeitsmuster liegt deutlich bei Aufgaben und Ergebnissen, erst nachgeordnet folgen Beziehungen. Hinsichtlich der Konfliktlösung wird in *Low-Context-Kulturen* eine eher sachorientierte, depersonalisierte Konfliktlösung mittels offener, direkter Kommunikation verfolgt (vgl. u. a. Mayer 2008, 176). Diese Unterscheidung ist vor allem in interkulturellen Kommunikations- und Interaktionsprozessen wichtig, da hier Missverständnisse und Konflikte durch unterschiedliche kulturelle Mitgliedschaften bzw. dimensional unterschiedlich ausgerichtete Kulturen, die aufeinandertreffen, entstehen können.

Die zweite Kulturdimension, die Hall als Erneuerung in die Diskussion einbringt, ist die des *monochronen vs. polychronen Zeitverständnisses*, vor allem in Bezug auf Arbeitsmuster und Organisationsstrukturen. Kulturen, die über ein *monochrones Zeitverständnis* verfügen, legen viel Wert auf Planung, Priorisierung und Terminierung von Aufgaben, gelten als sehr ergebnis- und terminorientiert. Sie arbeiten gleichzeitig nur an einer Aufgabe oder Aktion, betreiben kein ›Multitasking‹. Strukturierung und Zeitmanagement sind hier sehr wichtig. Als Beispiele können nach Hall vor allem westliche

Länder wie die USA oder Deutschland angeführt werden (vgl. Hall 1983; vgl. Hall/Hall 1990). Über ein *polychrones Zeitverständnis* verfügen eher indigene Völker, häufiger auch High-Context-Kulturen sowie – um auch hier konkrete Kulturkreise zu nennen – südeuropäische Länder. Polychrones Zeitverständnis lässt sich am besten hinsichtlich der Organisationstrukturen beschreiben als Fähigkeit zum und Favorisieren des Multitaskings. Arbeiten werden gemessen an Zeitaufwand und individuellem Arbeitstempo. Es gibt keine oder nur eine recht offene, flexible Terminierung. Die Arbeitsweise dieser Kulturen wird als aufgaben- und beziehungsorientiert gesehen, im Kontrast zur Ergebnis- und Terminorientierung der ›monochron‹ denkenden und agierenden Kulturen (vgl. Hall 1983; Hall/Hall 1990; Casper-Hehne et al. 2010).

Ergänzend taucht bei Hall auch die Kulturdimension *Informationsgeschwindigkeit* (vgl. Hall/Hall 1990) auf, in der es um schnelle oder langsame Zirkulations- und Weitergabeprozesse von Informationen innerhalb sozialer Systeme geht.

Als vierte Kulturdimension führt Hall die *Proxemik* ein, die er in die folgenden vier Distanzen in interpersonellen Interaktionen untergliedert: intim, persönlich, sozial, öffentlich. Eine wichtige Rolle spielen bei der Beurteilung der Nähe und Distanz zwischenmenschlicher Interaktionen auch Quantität, Qualität, Intensität und Richtung des Blickkontakts, die Zuwendung der Körper bei Interaktion sowie die Art und Intensität einer Berührung (Hände, Arme, Schultern, Rücken, Kopf). Von intimer Distanz wird bei einem Abstand der Interaktionspartner von weniger als 0,5 m gesprochen. Die persönliche Distanz liegt bei einem Abstand der Personen von 0,5 bis 1,2 m. Die soziale Distanz liegt etwa zwischen 1,2 bis 3,5 m. Die öffentliche Distanz beginnt nach Hall bei einem Abstand von 3,5 m (vgl. Hall 1976; 1990).

2.3.5   Kulturdimensionen nach Gesteland

Gesteland differenziert u. a. in *abschlussorientierte vs. beziehungsorientierte Kulturen*. *Abschlussorientierte Kulturen* fokussieren direkten Kontakt mit Geschäfts- und Interaktionspartnern, kommunizieren direkt, offen und klar. *Beziehungsorientierte Kulturen* hingegen orientieren sich stärker am Verhandlungs- und Interaktionspartner, erst zweitrangig am Verhandlungsgegenstand (z. B. Abschluss eines Geschäftes) (vgl. Gesteland 2002, 14, 17 ff., 27 ff.). Ein Kennenlernen des Partners und die Kommunikation mit ihm sind vordergründig.

Die zweite Dimension trennt *zeitfixierte und zeitoffene Kulturen*, vergleichbar mit Halls monochronen und polychronen Kulturen. *Zeitfixierte Kulturen* orientieren sich an Uhrzeit und Terminen: Pünktlichkeit, verbindliche Termine sowie Planung und tagesordnungskonform ablaufende Meetings sind bedeutsam. *Zeitoffene Kultur* hingegen erachten diese Punkte als locker, offen und flexibel. Pünktlichkeit spielt hier eine untergeordnete Rolle (vgl. dazu ebd., 15, 55 ff.).

Als Drittes unterscheidet Gesteland *informelle vs. formelle Kulturen*, vergleichbar mit horizontalen und vertikalen Kulturen bei Triandis. In *informellen Kulturen* existieren egalitäre Strukturen, Macht und Status spielen eine weniger bedeutsame Rolle. Es herrscht eine eher lockere, unbefangene, informelle Kommunikation unter Gleichberechtigten. *Formelle Kulturen* hingegen legen Wert auf (steile) Hierarchien. Kommunikation verläuft höflich, förmlich, distanzierter aufgrund der Macht- und Positionsunterschiede, die sich aus Alter, Geschlecht, Status usw. ergeben (vgl. ebd., 14 f., 43 ff.; Mayer 2008, 177).

Die vierte Unterscheidung ist der Kontrast zwischen *expressiven* und *reservierten Kulturen*, wonach Mitglieder ersterer Gefühle und Meinungen non- oder paraverbal (ausgeprägte Mimik, Gestik, Lautstärke, intensiverer Blick- und Körperkontakt, ...) ausdrücken. Sie verfügen über ein gewisses Maß an Temperament, Expressivität und Dynamik in Gesprächssituationen, wogegen *reservierte Kulturen* para- und nonverbal zurückhaltender kommunizieren. Sprechen ist leiser, weniger moduliert, auch Gesprächspausen und Schweigen werden als durchaus angenehm erlebt. Mimik und Gestik sind eingeschränkter, Blickkontakt und Körperkontakt werden eher vermieden (vgl. Gesteland 2002, 15, 65 ff.).

2.3.6 Kulturdimensionen nach Trompenaars

Trompenaars (mit Hampden-Turner) differenziert sieben verschiedene Kulturdimensionen:

* *Universalität vs. Partikularismus* fokussiert soziales Verhalten in Gesellschaften. Es geht hinsichtlich Universalität um regelorientierte Kulturen, bei denen Gesetze für alle gleiche Gültigkeit haben, z. B. in den USA, der Schweiz oder Skandinavien. Im Partikularismus sind soziale Beziehungen bedeutsamer als das Befolgen von Regeln und Gesetzen, z. B. in südamerikanischen Ländern wie Venezuela oder asiatischen wie Korea und Indien (vgl. Trompenaars 1998, 29 ff.).
* *Neutralität vs. Emotionalität* bezieht sich auf den Ausdruck von Emotionen in der Öffentlichkeit. Neutrale Kulturen zeigen Emotionen lediglich im Privaten, im Öffentlichen bleiben sie verborgen oder unterdrückt (z. B. in Japan). Emotionale Kulturen hingegen leben Emotionen offen und öffentlich aus (z. B. in temperamentvollen, extrovertierten Kulturen in Südamerika oder Südeuropa) (vgl. ebd., 70 ff.).
* *Kollektivismus vs. Individualismus* umfasst – wie bei Hofstede – Gemeinschafts- und Beziehungsgefüge und gruppenbezogene Ziele (Autonomie vs. Gruppenzugehörigkeit) (vgl. ebd., 51 ff.).
* *Spezifizität vs. Diffusität* beinhaltet die Relation zwischen Privatleben und Beruf und ob beide Bereiche klar und konsequent getrennt oder miteinander verwoben sind. Westliche Länder gelten als spezifisch und trennen deutlich, während in asiatischen Ländern die Grenzen diffus bis nicht vorhanden sind und die Bereiche – explizit gewünscht – ineinander übergehen (vgl. ebd., 83 ff.).
* *Leistung vs. Herkunft* bezieht sich auf die Hintergründe des sozialen Status im gesellschaftlichen Gefüge: Leistungsorientierte Kulturen betonen erarbeiteten Erfolg als statusverleihend (z. B. USA, Japan), wohingegen herkunftsorientierte Kulturen soziale Stellung von Abstammung und familiärem Hintergrund abhängig machen. Status-

verlust gleicht hier auch dem Gesichtsverlust und im schlimmsten Fall dem ›sozialen Tod‹ (Ausschluss) (vgl. ebd., 105 ff.).
- *Einstellung zur Zeit* entstand in Anlehnung an Hall und umfasst die gleiche Differenzierung (vgl. ebd., 123 ff.).
- *Einstellung zur Umwelt* umfasst das Verhältnis zur Umwelt und differenziert Kulturen, die in Einklang mit Umwelt und Natur leben, sich durchaus auch zeitweise von ihr fremdbestimmen lassen (z. B. asiatische, überwiegend kollektivistische Länder wie China oder Japan, indigene Kulturen), während andere versuchen, ihre Umwelt zu bestimmen, zu verändern, zu dominieren (z. B. europäische Länder). Auch der Attributionsstil unterscheidet sich: Während in der ersten Gruppe Erfolg und Misserfolg dem Schicksal zugeschrieben werden, sieht sich die zweite eigenverantwortlich dafür (vgl. ebd., 145 ff.).

Abschließend sollen noch weitere Kulturdimensionen enumerativ genannt werden, um vor allem die Fülle, vielen Perspektiven und Blickwinkel auf Kulturen transparent zu machen.

- Direkter vs. indirekter Kommunikationsstil
- Hohe vs. niedrige Informationsdichte
- Vergangenheits-, Gegenwarts- oder Zukunftsorientierung
- Raumorientierung
- Sach- vs. Beziehungsorientierung
- Handlungs- vs. Ergebnisorientierung
- Problemlöseprozess
- (vgl. Podsiadlowski 2004, 17 f.).

Die vorgestellten Kulturdimensionen bilanzierend muss kritisch angemerkt werden, dass Kulturen anhand der Zuordnung der Merkmale nur bipolar gesehen werden und dementsprechend versucht wird, Unterschiede quantifizierbar zu machen. Zudem entsteht – wenn wie bei Hofstede mit Index-Berechnungen gearbeitet wird – einer Art Rangliste, die eine eindeutige Wertung einbringt. Kulturdimensionen sollten daher unbedingt wertneutral als Gegensatzpaare wahrgenommen werden und nicht als Komparative im Sinne von ›besser‹ oder ›schlechter‹. Zusätzlich sollte vor Generalisierungen gewarnt werden, da sich Kulturen zwar tendenziell eher der einen oder anderen Dimension und Ausprägung zuordnen lassen, dies jedoch nicht automatisch und zwangsläufig für alle ihre Mitglieder gilt. Hier gibt es viele individuelle Unterschiede und eben ›kulturdimensional atypisches‹ Verhalten.

2.4 Kulturstandards

Als Kulturstandards können mit Thomas

> »Arten des Wahrnehmens, Denkens, Wertens und Handelns [verstanden werden], die von der Mehrzahl der Mitglieder einer bestimmten Kultur für sich und andere als normal, typisch und verbindlich angesehen werden. Eigenes und fremdes Verhalten wird auf der Grundlage dieser Kulturstandards beurteilt und reguliert. [...] Die individuelle und gruppenspezifische Ausprägung von Kulturstandards kann innerhalb eines gewissen Toleranzbereichs variieren, doch werden Verhaltensweisen und Einstellungen, die außerhalb der Grenze liegen, abgelehnt und sanktioniert.« (Thomas 2003, 437 f.)

Kulturstandards bestehen aus einer zentralen Norm – dem Idealwert – und einem Toleranzbereich und sind zwar per Definition von der Mehrheit der Mitglieder einer Kultur geteilt, jedoch nicht bei jedem Mitglied gleich stark ausgeprägt (vgl. ebd.).

Da Kulturstandards normativen Wert besitzen und dennoch ein gewisses Maß an Flexibilität in der Auslegung gestatten, müssen sie unbedingt als etwas Dynamisches, Veränderliches oder Sich-Veränderndes und nicht als etwas Statisches oder Unveränderliches charakterisiert werden. Dabei geht es um zeitspezifische, temporäre, z. B. generative, aber auch überdauernde, übergenerativ gültige Standards, je nach Weiterentwicklung der Gesellschaft oder einzelner ihrer Mitglieder. Aufgrund ihres normativen Charakters können sie interpretiert werden als »kulturspezifisch beschreibbare rollen- und situationsspezifische Verhaltenserwartungen, welchen (kulturspezifische) Normen zugrunde liegen, deren Nichterfüllung zur Störung der Interaktion und ggf. Sanktion des/r Interaktionspartner/s führen« (Reisch o. J., 14). Nach Reisch wirken sie in gewisser Weise »verhaltensregulierend« und »verhaltenspräzisierend« (ebd., 18). Erworben werden sie einerseits in einem unbewussten Lernprozess innerhalb der normalen Sozialisationsprozesse, d. h. der regulären Eingliederung in eine Gesellschaft, andererseits können sie auch durch einen bewussten, aktiv gesteuerten Lernprozess angeeignet werden.

Die Frage nach dem Grund der Wichtigkeit von Kulturstandards für uns lässt sich damit beantworten, dass uns das Erkennen und Verstehen dieser Kulturstandards bei Entscheidungen und Verhaltensweisen in sozialen Interaktionen hilft. Aufgrund der gelernten Kulturstandards verhalten wir uns verhältnismäßig kompatibel zu unseren Mitmenschen, was wiederum zu relativer Harmonie im Miteinander führt und das gesellschaftliche Leben mitstrukturiert, da Kulturstandards Orientierungshilfen bieten, wie wir uns in bestimmten Situationen entscheiden oder verhalten können. Des Weiteren erleichtern Kulturstandards das soziale Miteinander noch in einer anderen Dimension: Nicht nur für unser eigenes Verhalten haben sie eine hilfreiche Funktion, sondern auch das Verhalten unserer Mitmenschen wird durch den relativ bindenden Charakter der Kulturstandards für uns leichter vorhersehbar, einschätzbar und verständlicher. Umso überraschter reagieren wir, wenn sich unsere Mitmenschen atypisch zum kulturellen Standard und zur kulturellen Norm verhalten (▶ Kap. 4.3). Dies kann auch mit der Kategorisierung und unserem Denken in (sozio-)kulturellen Mustern zusammenhängen. Hier eignet sich wiederum die Definition von Kulturstandards nach Krewer als gute Ergänzung:

»Kulturstandards sind als spezifische Orientierungssysteme aufzufassen, die konstruiert werden, um eigenes und fremdes Wahrnehmen, Denken, Fühlen und Handeln in spezifischen interkulturellen Kontaktsituationen verständlich und kommunizierbar zu machen, oder kurz gesagt, Kulturstandards sind Mittel der Selbst- und Fremdreflexion in interkulturellen Begegnungen.« (Krewer 1996, 152)

Durch eine Migration als Extrem eines Kulturwechsels werden die bis dahin gültigen Kulturstandards des Herkunftslandes außer Kraft gesetzt und von denen des Aufnahmelandes überlagert, das ursprünglich erlernte soziokulturelle Orientierungssystem ›versagt‹ gewissermaßen. Das Phänomen einer Angleichung der beiden Systeme der z. T. divergenten Kulturstandards erfordert von Migranten viel Einsatz, den sog. ›Kulturschock‹ zu überwinden: Es muss ein neues stabiles Wertesystem nachträglich und sukzessive etabliert werden, das einem relative Verhaltenssicherheit ermöglicht und dennoch mit dem ursprünglich erlernten Orientierungssystem in irgendeiner Form vereinbar ist (▶ Kap. 4.2, »Integration« nach Akkulturationsmodell von Berry).

Kritisiert werden können an den Konzepten zu Kulturstandards und Dimensionen von Kultur deren Rigidität im Hinblick auf kulturelle Systeme und vernachlässigte Faktoren wie Situationsgebundenheit interkulturellen Verhaltens oder strukturelle Bedingungen. Um interkulturelle Situationen aber realitätsgetreu abbilden und verstehen zu können, bedarf es einer multifaktoriellen und zugleich dynamischen Analyse und Interpretation.

2.5 Kulturunterschiede und kulturelle Differenzen

Die Mehrdeutigkeit des Begriffs ›kulturelle Differenzen‹, die sich bereits im Titel des Buches findet, meint einerseits natürlich Unterschiede zwischen Kulturen, die im Aufeinandertreffen zweier oder mehrerer Kulturen offensichtlich werden und die sich durch die oben ausgeführten unterschiedlichen Kulturdimensionen und -standards ergeben (▶ Kap. 2.3 und 2.4). Des Weiteren verbergen sich hinter dem Begriff auch kulturelle Differenzen im Sinne von Unstimmigkeiten oder Konflikten. Im gesamten Kapitel wurde vor allem auf die Unterschiede zwischen Kulturen eingegangen, da sie eng mit den Merkmalen und Dimensionen aus der Kulturtheorie zusammenhängen. Kulturelle Differenzen im Sinne von interkulturellen Konflikten resultieren häufig aus sich verhärtenden Auseinandersetzungen um Kulturunterschiede und können deren deutlich wahrnehmbare Folge darstellen. Wie sich derartige interkulturelle Konflikte mit Kindern und Jugendlichen frühzeitig erkennen, bearbeiten und lösen lassen, wird in Kapitel 8 ausführlich dargestellt.

Das Dilemma, Kulturunterschiede aufzuzeigen, ohne allzu sehr zu stigmatisieren, im Kontrast zu Gemeinsamkeiten so sehr zu betonen, dass ein ›Einheitsbrei‹ entsteht und Individualität ›verwaschen‹ wird, ist unter Bezugnahme auf Klassiker interkultureller Pädagogik kurz zusammenfassend bei Eppenstein (2013, 32 ff.) dargestellt. Er stellt sich die Frage, »was geschehen kann, wenn ›Kultur‹ in sozialen Interaktionen unterschlagen wird?« (ebd., 33 f.), und beantwortet sie unter Bezugnahme auf andere Autoren als

- »universelle ›Farbenblindheit‹ (Auernheimer)
- Vernachlässigung kultureller Einbettungen (Scherr)
- Blindheit gegenüber eigener partikularer kultureller Gebundenheit (Hamburger)
- Mangelnde Sensibilität den Bedürfnissen der/des Anderen gegenüber (Ertl)
- Abstraktion von Kultur als ›Lebensmittel‹ (Brumlik), das uns die Welt erst erleben und gestalten lässt.«
(ebd., 33 f.)

Dass beim Aufeinandertreffen von Vertretern unterschiedlicher Kulturen und somit von Repräsentanten unterschiedlichster Kulturdimensionen und -standards Fremdheitsgefühle, Irritationen, Missverständnisse oder gar Unverständnis entstehen können, ist nachvollziehbar. Menschen aus individualistischen Kulturen z. B. fällt es – aufgrund ihrer Sozialisation und Enkulturation (▶ Kap. 3.3) und den verinnerlichten Werten und Normen (▶ Kap. 4.3) – evtl. schwer, Menschen und deren Einstellungen, Motive und Handlungen zu verstehen, die aus kollektivistischen oder familialistischen Kulturen kommen. Letztgenannte können dabei als eine Sonder-

2.5 Kulturunterschiede und kulturelle Differenzen

form kollektivistischer Kulturen verstanden werden mit einer expliziten Betonung der Bedeutung der Familie. In diesen finden sich ein starker systeminterner Zusammenhalt und eine starke Orientierung nach innen zugunsten der Familie. Ihre Beziehungsmuster sind zuletzt auch geprägt von großem Respekt und Gehorsam gegenüber Älteren sowie der Unterordnung der jüngeren Mitglieder. Gleiches geschieht natürlich auch andersherum. Es ist ebenso nachvollziehbar, dass das Konzept von Ehre und Schande, wie es in klassischen Schamkulturen etabliert ist, Menschen aus Schuld- oder Gewissenskulturen vollkommen fremd und unverständlich erscheinen mag und ihnen – ohne nähere Auseinandersetzung damit – der Zugang dazu fehlt. Individuelle und kollektive Schamgefühle wie Entwürdigung, Demütigung, Gesichtsverlust können dann oft auch als Ursache und Auslöser massiver zwischenmenschlicher Konflikte gesehen werden und dienen für Betroffene unter Umständen auch als Legitimation und Rechtfertigung für Gewalt und eskalierende Konflikte. Somit können sehr konträr oder extrem ausgeprägte Ausrichtungen einer Kulturdimension (z. B. extrem individualistisch vs. extrem kollektivistisch) in interkulturellen Begegnungen zu größeren Differenzen führen. Ziel einer Auseinandersetzung mit Kulturdimensionen muss es daher sein, sich mit eigenen vertraut zu machen, sich für andere Ausrichtungen, Einstellungen, Normen und Werte zu sensibilisieren und diese akzeptieren und sogar verstehen zu lernen, ohne dabei wertend zu sein. Nieke zustimmend sollte ein Kulturrelativismus entstehen, der die »Vielfalt der empirisch beschriebenen Kulturen als gleichberechtigt nebeneinander stellte, weil ein Kriterium fehlte, mit dem ein Vergleich oder gar eine Bewertung der Kulturen untereinander möglich wäre. Jedes denkbare Kriterium entstammt unvermeidlich einer bestimmten Kultur und steht in der Gefahr, den anderen Kulturen überhaupt nicht gerecht zu werden« (Nieke 2008, 43, in Anlehnung an Rudolph 1968). Konsequenz dieses Kulturrelativismus muss dementsprechend Pluralismus an Kulturen sein.

2.6 Von Kultur über Multikulturalität und Interkulturalität zu Hybridität

Im Anschluss an die bisherige kulturtheoretische Diskussion über Kultur, Kulturdimensionen, -standards sowie kulturelle Differenzen soll nun abschließend ein kurzer Ausblick zum Diskurs weiterführender multi- bzw. interkultureller Konzepte gegeben werden. Als »Multikulturalität« kann nach Mintzel die

> »gesellschaftliche Tatsache bezeichnet [werden], [...] dass innerhalb einer Gesellschaft bzw. einer staatlich organisierten Gesellschaft/Bevölkerung mehrere Kulturen koexistieren, sei es friedlich oder im Konflikt, sei es in einem Nebeneinander oder in einem integrierten Miteinander. [...] Mit Multikulturalität wird zweitens die Vorstellung von einer multikulturell geprägten Gesellschaft bezeichnet, also ein geistiges Konzept, ein gedankliches Modell oder Konstrukt.« (Mintzel 1997, 58)

Bereits diese erweiterte Sichtweise auf ein gesellschaftliches System, das nie rein monokulturell gesehen werden kann, sondern sich immer aus verschiedenen (Teil-)Systemen und Kulturen zusammensetzt, bildet Alltagskulturen und Lebensweisen von Menschen heutzutage besser ab als traditionelle, nationalstaatliche Interpretationen des Kultur-Konstrukts. Bolten hingegen kritisiert eine gewisse Starre auch an diesem Begriff, stellt in Frage, ob es »echte Multikulturalität« geben könne, da »das Nebeneinander [...] nicht vollständig aufgelöst werden [wird], sondern es wird seine Statik und die damit verbundenen Abschottungstendenzen überwinden, indem über die Grenzen der eigenen ethnischen Gruppe hinweg gemeinsam gehandelt wird. Ein solches Handeln ist interkulturell« (Bolten 2003, 69, zit. n. Erll/Gymnich 2007, 34).

Für Bolten bedürfe es daher eines Konzeptes der »Interkulturalität«, das die flexible Kombination verschiedener kultureller Merkmale zu etwas Neuem erlaube. »Interkulturen« sind demnach »dynamisch als Ereignisse des Zusammentreffens von Angehörigen unterschiedlicher Kulturen zu verstehen« (Bolten 2003, 22, zit. n.

2.6 Von Kultur über Multikulturalität und Interkulturalität zu Hybridität

Erll/Gymnich 2007, 36). Die Dynamik kultureller Überschneidungssituation zeigt sich auch in der von Thomas (2003b; 2005) dargestellten Systematik, in der das Interkulturelle gewissermaßen als neues Ergebnis der Schnittmenge beider aufeinandertreffender kultureller Einflüsse entsteht (▶ Abb. 4).

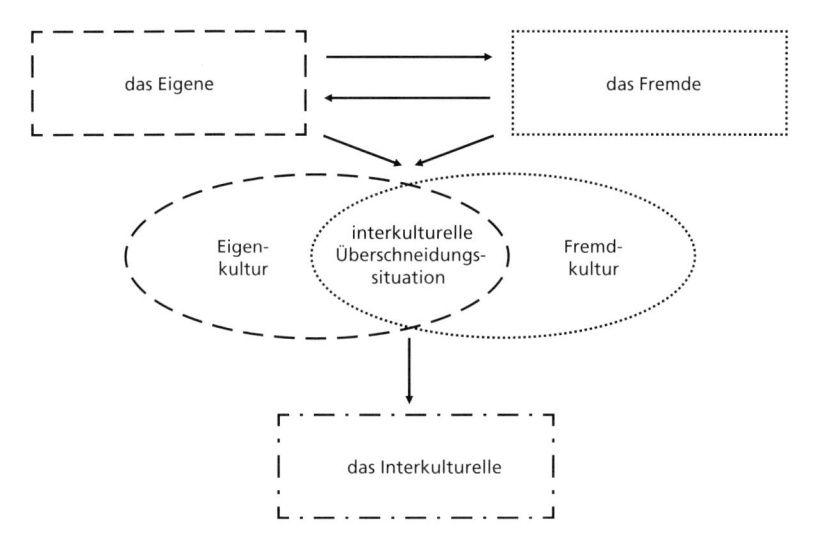

Abb. 4: Entstehung des Interkulturellen in interkulturellen Überschneidungssituationen (vgl. Thomas 2005, 33)

Die sich aus dem Interkulturellen bzw. der Interkultur heraus entwickelnden Lebensentwürfe und Identitäten können als hybrid beschrieben werden. Mit Hein bezieht »sich der Begriff hybrider Identitäten auf die Erfahrung zwischen den Kulturen. Hybride Identitäten bezeichnen Identitäten, die in der Auseinandersetzung, Verbindung und Kreuzung unterschiedlicher kultureller Kontexte entstehen. Hybride Identitäten sind kulturelle Identitäten im Übergang« (Hein 2006, 434). Insbesondere auf das Konzept der hybriden Identität wird in Kapitel 3.3.3 ausführlicher eingegangen. Ein weiterer Indikator für Interkulturalität und Hybridität kann z. B. in der Weiterentwicklung der Jugendsprache gesehen werden: »Tatsächlich lassen sich bei Untersuchungen des Sprachgebrauchs von deutschen Jugendlichen Wendungen wie ›hadi tschüss‹ als Verabschiedungsformel oder ›lan‹ als Anredeform entdecken. Solche Sprachkontaktphänomene erklären sich aus den multikulturellen Zusammensetzungen [...]« (Neuland 2008, 38). Exemplarisch sei hier mit ›Babo‹ (bosnisch für ›Vater‹, im deutschen Sprachgebrauch sinngemäß als ›Chef‹, ›Anführer‹, ›Boss‹) auch das Jugendwort des Jahres 2013 angeführt. Nimmt man diese sprachlichen Neuerungen als Beispiel für kulturelle Vielfalt, so zeigt sich, dass die junge Generation in Deutschland teilweise bereits »Interkulturalität« selbstverständlich lebt.

Der Wertepluralismus und daraus resultierend auch ein Werterelativismus, zunehmende Globalisierung und kulturelle Heterogenität machen es unbedingt notwendig, Begrifflichkeiten und dahinterstehende Konzepte von Multikulturalität, Interkulturalität und Hybridität im kulturellen Kontext zu durchdenken und zu leben. Gefordert sind auch hier Kreativität und Individualität, wie bei allen gesellschaftlichen Lebensentwürfen.

3

Kultur und Verhalten

Nachdem im vorigen Kapitel ein ausführlicher Einblick in kulturtheoretische Begriffe und Konzepte gegeben wurde, sollen nun Kultur und menschliches Verhalten und deren wechselseitige Relation zueinander betrachtet werden, wobei zunächst Verhalten näher analysiert wird.

3.1 Definition von Verhalten

Eine allgemeingültige, behavioristische Definition des Verhaltensbegriffes sieht menschliches Verhalten als die »im Gegensatz zur inneren Haltung oder Gesinnung äußerlich beobachtbare und entsprechend beschreibbare Aktivität eines Menschen« (Böhm 2000, 556). Myschker & Stein hingegen gehen von einem anderen Verständnis aus: »Unter Verhalten wird hier die Gesamtheit menschlicher Aktivitäten verstanden, die im Wechselspiel zwischen Organismus und Umwelt generiert werden und von einfachen Reaktionen auf Reize bis zu willentlichen, komplexen, umweltverändernden Handlungen reichen. Im Sinne eines weiten Verständnisses impliziert damit Verhalten nach außen hin sichtbare Reaktionen und das innere Erleben« (Myschker/Stein 2014, 50). Diese erweiterte Sichtweise, Verhalten nicht nur als das äußerlich wahrnehmbare, beobachtbare Verhalten und erkennbare Handlungen zu umschreiben, sondern gleichwertig auch die Ebene des Verhaltens und Erlebens, d. h. der innerpsychisch erlebten affektiven und kognitiven Prozesse zu verstehen, hat den entscheidenden Vorteil, dass sie Aufschluss über Hintergründe und Ursachen von Verhalten gibt und somit eine andere, gewinnbringende Erklärungsperspektive für den interkulturellen Kontext bietet.

Konkretisiert werden soll dies unter Zuhilfenahme des Verhaltensbegriffs bei Seitz & Rausche, die dem menschlichen Verhalten verschiedene individuelle Verhaltensstile zuschreiben. Diese entstehen aus einem Konglomerat aus Selbst- und Fremdbild, dem Bild von Um- und Mitwelt, überdauernden Gefühlen und Stimmungen sowie Motiven, die unser Verhalten steuern und mitbestimmen können. Insbesondere diese (Handlungs-)Motive setzen sich zusammen aus spezifischen Bedürfnissen und Interessen, individuellen Einstellungen und Haltungen sowie aus individuellen und (sozio-)kulturellen Normen und Werthaltungen, die unser Verhalten bzw. unsere Verhaltensstile prägen (vgl. Seitz/Rausche 1992, 50 ff.; Stein/Stein 2014, 31 f.). Ein Verhaltensmuster oder -stil kann nicht richtig interpretiert und verstanden werden, wenn man nicht die Einstellungs-, Wahrnehmungs- und Erlebensperspektive kennt und korrekt deuten kann, die hinter dem von außen beobachtbaren Verhalten liegen. Insbesondere auf der Ebene der Einstellungen, der Norm- und Werthaltungen, d. h. den übergeordneten (Handlungs-)Motiven, finden sich kulturspezifische, internalisierte Werte, die das Verhalten deutlich prägen und beeinflussen können. Auch das Selbstbild und das Bild von der Um- und Mitwelt können kulturspezifisch geprägt sein und variieren zwischen Menschen aus unterschiedlichen Kulturen unter Umständen erheblich.

Diese Perspektive ergänzend beschreibt Lamnek Verhalten als durch »Situation, Motivation und Verhaltenserwartung« determiniert (Lamnek 1996, 15). Durch den situativen und normativen Aspekt findet sich Kultur also auch als Determinante menschlichen Verhaltens. Terminologisch sollen daher für beide Begriffe ›Kultur‹ und ›Verhalten‹ jeweils das erweiterte Verständnis zugrunde gelegt werden, das hinsichtlich ›Kultur‹ neben Hochkultur, d. h. Kulturgütern und der materiellen Dimension von Kultur, vor allem auch die soziale Dimension und alltägliche Interaktionen sowie Normen und Werte mit einbezieht (vgl. Bolten 2007) und für ›Verhalten‹ auch innerpsychische Prozesse des Verhaltens und Erlebens mit einschließt. Nur diese erweiterte Perspektive kann zu einem umfassenderen Verständnis kulturbedingten Verhaltens und des Zusammenhangs zwischen Kultur und Verhalten führen.

3.2 Wechselseitiger Einfluss von Kultur, Persönlichkeit und Verhalten

Dieses Kapitel widmet sich der Frage, ›wieviel‹ Kultur in unserer Persönlichkeit steckt, d. h. wie kultur(un)abhängig sie ist, inwieweit Kultur sie beeinflusst, aber auch inwieweit der Mensch die Kultur prägt und weiterentwickelt. Kurz gesagt, es geht um den wechselseitigen Einfluss von Kultur und menschlichem Verhalten. Persönlichkeit kann dabei definiert werden als »die einzigartigen psychologischen Merkmale eines Individuums, die eine Vielzahl von charakteristischen konsistenten Verhaltensmustern (offenen und verdeckten) in verschiedenen Situationen und zu verschiedenen Zeitpunkten beeinflussen« (Zimbardo 1995, 475). Versucht man das Charakteristische der menschlichen Persönlichkeit zu analysieren, so ergibt sich eine Kombination aus Kulturdimensionen, -standards und Persönlichkeitsfaktoren, das heißt überdauernden Persönlichkeitseigenschaften, sog. ›traits‹. Die Einflüsse der Kulturdimensionen wie Individualismus, Kollektivismus, Scham- oder Schuldorientierung, usw. auf die Persönlichkeitsfaktoren machen den Grad der Ausprägung der kulturellen Dimension der Persönlichkeit aus. Auch Trommsdorff verweist auf den Einfluss der Kulturdimensionen auf die Persönlichkeit, wenn sie independente und interdependente Person-Umwelt-Beziehungen kontrastiert. Hinsichtlich der folgenden Faktoren ergeben sich für sie teils gravierende kulturbedingte Unterschiede im Entwicklungsverlauf der Persönlichkeit: Entwicklung des Selbst (z. B. autonom oder reflexiv), Sozialentwicklung, kognitive oder moralische Entwicklung (z. B. autonome vs. heteronome Moral), Handlungsmotivationen, biographische Orientierung (beruflich, sozial, sexuell, religiös, ...), Leistung und Leistungsorientierung, Emotion und Emotionsregulation sowie Selbstregulation und Kontrollorientierung (vgl. Trommsdorff 2007; vgl. dazu auch Trommsdorff 2003; Keller/Krettenauer 2007; Keller 2003). Andere essentielle Einflussfaktoren auf die Persönlichkeit sind die entwickelte Identität, die persönliche Biographie, gemachte Erfahrungen sowie die individuelle Resilienz.

Um den Einfluss von Kultur auf Verhalten weiter zu verdeutlichen, soll kurz exemplarisch die Emotionsentwicklung sowie der -ausdruck angeführt werden. Emotionen gelten einerseits als biologische Universalien (vgl. Röttger-Rössler 2004, 8, zit. n. Mayer 2008, 153), Freude, Wut, Angst, Ekel, Überraschung, Trauer gelten als angeborene universelle Grundemotionen, die sich in allen Kulturkreisen weltweit zeigen. Durch die Kultur bestimmt und spezifiziert sind jedoch der Grad der Ausprägung, die Intensität und der situative Kontext des Ausdrucks (vgl. Friedlmeier/Holodynski 1999; Friedlmeier/Matsumoto 2007; Holodynski/Friedlmeier 2006; Holodynski 2004; Trommsdorff/Friedlmeier 1999). Nach Rosenberg kommen ergänzend noch kulturspezifische Sekundärgefühle wie Schuld, Scham,

Glück etc. im weiteren Entwicklungsverlauf hinzu (vgl. Rosenberg 1990, zit. n. Mayer 2008, 154).

Der Einfluss von Kultur auf menschliches Verhalten (als Ergebnis seiner Persönlichkeit und seiner Handlungen) zeigt sich auch darin, dass der Mensch einerseits durch Erziehung, Sozialisation, Enkulturation, Schulbildung, Medien, die Sozialstrukturen der Gesellschaft, in der er lebt, sowie durch die Kulturdimensionen und -standards geprägt, somit durch Kultur auch buchstäblich ›miterzogen‹ und zu der Person gemacht wird, die er ist. Im Gegenzug kann aber auch von einem dynamischen und wechselseitigen Prozess ausgegangen werden, da der Mensch Kultur aktiv lebt und weiterentwickelt durch Erschaffen, (Weiter-)Entwickeln und Verbreiten von Kulturgütern, soziokulturellen Normen und Werten sowie kulturspezifischen und -universellen Denkmuster und Verhaltensweisen. Insbesondere das unter Kapitel 2.2 dargestellte Modell von Kultur nach Erll & Gymnich mit den drei Dimensionen mental, sozial und material verdeutlicht dies recht gut.

Auch Podsiadlowski verweist auf den Einfluss von Kultur auf unsere Werte und unser Verhalten und stellt heraus, dass es sich um einen zirkulären Prozess handelt, indem uns Kultur bei der Prägung und Weiterentwicklung unserer Werte beeinflusst und wiederum diese dann unser Verhalten mit bestimmen. In unserem Verhalten kommen unsere Normen, Werte sowie Einstellungen zum Ausdruck, was wiederum langfristig auch Kultur beeinflusst und verändert (vgl. Podsiadlowski 2004, 5 f.).

3.3 Kultur als ›Erzieherin im Hintergrund‹

Um sich dem Einfluss der Kultur auf Erziehung widmen zu können, sollen zu Beginn kurz ausgewählte Definitionen des Erziehungs-Begriffs vorangestellt werden. Mit Böhm kann »Erziehung« verstanden werden als

3 Kultur und Verhalten

»jene Maßnahmen und Prozesse [...], die den Menschen zu Autonomie und Mündigkeit hinleiten und ihm helfen, alle seine Kräfte und Möglichkeiten zu aktuieren und in seine Menschlichkeit hineinzufinden. Erziehung betrifft den Menschen dabei in seiner individualen, sozialen, kulturellen und metaphysischen Dimension. Demensprechend stellt sich Erziehung einmal mehr als Wachstum und Entwicklung, einmal als gesellschaftlich-kulturelle Eingliederung (Sozialisation, Enkulturation), einmal als Einführung und ein andermal als personale Erweckung und Begegnung dar.« (Böhm 2000, 157)

Ergänzend hierzu sei auf das Verständnis von Brezinka, aufgegriffen von Krebs, verwiesen, der Erziehung als Prozess, nicht als Ergebnis versteht (vgl. Krebs 2009, 44). Erziehungsprozesse lassen sich demzufolge in formelle und informelle oder, wie Krebs es bezeichnet, in »intentionale« und »implizite Erziehung« (ebd.) unterscheiden, wobei hier zusätzlich noch einmal feiner differenziert werden müsse in intentionale Erziehung innerhalb institutioneller sowie innerhalb außerinstitutioneller Kontexte, z. B. familiärer. Auch Schmidt (vgl. 2009, 123 f.) verweist im interkulturellen Kontext auf das Verhältnis zwischen informellen und formellen Lern-, Erziehungs- und Bildungsprozessen. So liegt z. B. in stark leistungsorientierten Kulturen sowie in individualistischen, in denen es um persönlichen Erfolg, Wettbewerb und Selbstverwirklichung geht, die Priorität bei formellen Lern- und Bildungsprozessen.

3.3.1 Kulturspezifische Erziehungsstile und Funktionen von Erziehung

Um ein besseres Verständnis vom Einfluss der Kultur in der Erziehung zu erhalten, sollen nun überblicksartig Erziehungsstile vorgestellt und im Kulturvergleich betrachtet werden. Es existieren diverse Aufteilungen und Weiterentwicklungen der Modelle (z. B. Lewin, Lippitt/White; Elder; Spranger; Baumrind; Tausch/Tausch; Maccoby/Martin), nachfolgend wird das derzeit verbreitetste Modell nach Maccoby & Martin (1983), eine Weiterentwicklung des Modells von Baumrind, als Diskussionsgrundlage genommen. Erziehungsstile las-

3.3 Kultur als ›Erzieherin im Hintergrund‹

sen sich, vereinfacht ausgedrückt, anhand der Dimensionen *Lenkung und Führung* sowie *Liebe und Wärme* klassifizieren und danach in den autoritären, autoritativen, vernachlässigenden und permissiven Stil differenzieren.

Der *autoritäre Erziehungsstil* ist charakterisiert durch ein hohes Maß an Lenkung und Führung sowie geringere Ausprägung an Liebe, Wärme und Zuneigung, was ihn vom *autoritativen Stil* unterscheidet, bei dem beide Dimensionen in hoher Ausprägung vorhanden sind. Letzterer gilt in westlichen und vielen individualistischen Kulturen, also auch bei uns, als der ›beste‹ Erziehungsstil, da er Kinder aktiv mit in den Erziehungsprozess einbezieht, sie Führung, Struktur und Orientierung in Form von Regeln erfahren, aber kein Defizit an Wärme, Liebe und Wertschätzung. Der *permissive Erziehungsstil* wird auch als ›laisser faire‹-Stil bezeichnet und ist charakterisiert durch ein hohes Maß an Liebe, Wärme und Zuneigung und geringe Ausprägung von Lenkung und Führung. Der *vernachlässigende Erziehungsstil* gilt als der ›schlechteste‹, da es den Kindern an beidem fehlt, Orientierung, Lenkung und Führung sowie Liebe und Zuneigung (vgl. ebd. 1983).

Dass es sich hierbei um ein kulturspezifisch, westliches Modell handelt, sieht man im interkulturellen Vergleich. Wahrnehmung, Einordnung und Interpretation beobachteter kulturspezifischer Erziehungsmuster und -stile erfolgen immer aus einer ethnozentrischen Perspektive, d. h. was wir einem Stil zuordnen würden, wird aus Sicht anderer Kulturen als vollkommen anderer wahrgenommen und eingeordnet. Was beispielsweise unserer Einschätzung nach als permissiver oder ›laisser faire‹-Erziehungsstil fehlinterpretiert wird, findet sich als favorisierter Stil vor allem in Kulturen, in denen informellen Lern- und Bildungsprozessen, einem stark lebensweltlichen Bezug und der Regulation durch Gleichaltrige größere Bedeutung beigemessen wird, z. B. in vielen afrikanischen Kulturen (vgl. Nestvogel 1996, zit. n. Schmidt 2009, 129). Ergänzend gibt es laut Chao in China tendenziell eher den autoritären und autoritativen Stil (mit strenger Ausprägung). Zudem existierten dort aber auch indigene Elemente, die »chiao shun« (training/teaching) und »guan« (care for/love) umfassen (vgl. Chao 1994). Chinesische Kinder zeigten – trotz autoritärer Erziehung – nicht die negativen Auswirkungen autoritärer Erziehung wie westliche Kinder, die nicht selten Neigung zu Aggression, geringere Sozialkompetenz oder ein geringeres Selbstwertgefühl entwickelten (vgl. ebd.). Deater-Deckard et al. stellen in ihren Untersuchungen fest, dass körperliche Bestrafungen (kein Missbrauch) sich auf afrikanische und afro-amerikanische Kinder scheinbar nicht so negativ auswirkten wie auf westliche (europäisch-amerikanische) Kinder. In diesen Kulturen ginge körperliche Bestrafung nicht mit Liebesentzug einher (vgl. Deater-Deckard et al. 1996). Der autoritäre Stil ist in vielen arabischen und muslimischen Kulturen ebenfalls häufiger zu finden: Er ist oftmals charakterisiert durch eine religiösautoritäre Ausrichtung, durch einen zwar rigiden, strengen und eher repressiven, aber dennoch sehr fürsorglichen Erziehungsstil, der sich – entgegen ›westlicher‹ Erwartungen – nicht oder nicht in diesem Maße negativ auf die Kinder auswirkt (vgl. dazu Schirrmacher 2004; Uslucan 2007; Uslucan o. J.). Erziehung im traditionellen Islam hieße nach Uslucan (2007, 5 ff.) beispielsweise, einem Erziehungsstil zu folgen, der sich mit dem Alter der Kinder ändere und durch die Norm- und Werthaltungen traditioneller muslimischer Eltern geprägt sei. Er sei in der Kleinkindphase eher permissiv, im Vorschulalter lenkend-behütend und, insbesondere bei Mädchen, eher autoritär in der mittleren Kindheit und Pubertät durch strengere Führung und Kontrolle (›parental monitoring‹) (vgl. ebd., 5 ff.). Dies erklärt sich durch den scham- oder ehrkulturellen Hintergrund, in dem über strenge Erziehung und Kontrolle die Ehre der Tochter bzw. die gesamte Familienehre gewahrt und geschützt werden soll.

Während im autoritativen Erziehungsstil eine offene Diskurskultur als durchaus begrüßenswert erachtet wird, werden in autoritär erziehenden Kulturkreisen absoluter Gehorsam und keine Widerworte erwartet. Widerspruch gegenüber Eltern in traditionell-muslimischen Familien wird z. B. als höchst aufsässiges Verhalten, nicht als Autonomiebestrebungen des Kindes, verstanden (vgl. ebd., 5).

Auch die Funktion von Erziehung variiert im interkulturellen Vergleich und deckt zwar einige universelle Erziehungsziele ab, die

3.3 Kultur als ›Erzieherin im Hintergrund‹

Methoden, Praktiken und Umsetzungsformen variieren jedoch, auch zeitlich. Dennoch unterscheiden sich auch die Ziele im Kulturvergleich, wenn es z. B. in individualistischen Kulturen um Autonomie, Individualität und Selbstverwirklichung geht, in kollektivistischen Kulturen hingegen darum, zu einem wichtigen Mitglied der Gruppe zu werden und seine eigenen Bedürfnisse denen der Gruppe unterzuordnen (vgl. Uslucan 2007, 7). Auch die kulturbedingte Bedeutung von persönlicher und Familienehre wird als Wert an die Kinder weitergegeben (vgl. Schirrmacher 2002; 2004).

Rollen und Aufgaben von Erziehungspersonen unterscheiden sich ebenfalls. Während in westlichen Ländern die Hauptaufgabe der Erziehung in der frühen Kindheit bei den Eltern (evtl. noch Großeltern) liegt, so kommt in anderen Ländern insbesondere älteren Geschwistern die wichtige Aufgabe des sog. ›culture-broker‹ zu, die Kulturtechniken an Jüngere vermitteln (vgl. Zukow-Goldring 1995, 202, zit. n. Keller/Chasiotis 2008, 542 f.). Auch Krebs hebt hervor, dass in sog. »traditionellen Kulturen« der Vorrang »impliziter Erziehung« vor der »intentionalen Erziehung« gilt (Krebs 2009, 45 f.). Besondere Bedeutung wird hier der Sozialisation und Erziehung der altersgemischten Kindergruppe gegeben. Ähnliches findet sich auch in verschiedenen kollektivistischen Kulturen, in denen der sozialisatorischen Funktion der Gruppe viel Bedeutung beigemessen und der innerfamiliären Erziehung und Kinderpflege Vorrang vor der institutionellen eingeräumt wird. Dies zeigt sich beispielsweise in geringeren Anteilen der Kinder aus diesen Kulturen in Kinderkrippen, -gärten und -tagesstätten. Mütterliche Säuglings- und Kinderpflege hat hier einen hohen Stellenwert, der enge körperliche Kontakt zu den Kleinkindern wird in den ersten drei Lebensjahren gepflegt. Einerseits wird dies als mütterliche Pflicht interpretiert, deren Missachtung gesellschaftlich negativ bewertet wird, andererseits wird aufgrund der Wertschätzung der Gemeinschaft und deren Gruppenmitgliedschaft die Bedeutung der Teilhabe des Kindes an ihr betont. Entziehen sich beispielsweise Migranten aus diesen Kulturen nach Ansicht der Aufnahmekultur einheimischen Erziehungs- und Bildungsangeboten, so handelt es sich hierbei nicht immer und nicht ausschließlich um fehlende Informationen und Kenntnis über die in der Aufnahmekultur etablierten Erziehungs- und Bildungsinstitutionen oder um Separationstendenzen seitens der Migranten, sondern vielmehr um ein kulturspezifisches Verständnis von ›guter‹, für das Kind förderlicher Erziehung. Der Bedarf an und das Bedürfnis nach (kern-)familienunterstützenden Erziehungs- und Betreuungsangeboten sind daher in individualistischen Kulturen weitaus größer als in kollektivistischen. Bereits hier werden erste Notwendigkeiten zum gegenseitigen interkulturellen Dialog und zur offenen Kommunikation sichtbar, damit aus Unkenntnis der gegenseitigen Positionen keine Missverständnisse und verhärtete, divergente Positionen entstehen.

Zudem liegen unterschiedliche Verständnisse vom Begriff ›Familie‹ vor. Während in westlichen Kulturen hierunter primär die eigene Kernfamilie fällt – die zwar aufgrund der Pluralisierung der Lebensformen zunehmend vom klassischen Modell abweicht, aber dennoch die häufigste familialistische Lebensform bei uns darstellt und sich im Zusammenleben der Eltern mit ihren Kindern (evtl. noch Großeltern) zeigt –, so gelten in anderen Kulturen auch Großfamilienverbände, Kibbuze, Kommunen und ganze Dorfgemeinschaften als Familien – unabhängig vom biologischen Verwandtschaftsgrad. Dieser Familienbegriff schließt beispielsweise Tanten, Onkel, Nichten, Neffen, Cousinen und Cousins als engen Teil der Familie mit ein. Auf den Solomon-Inseln werden zum Beispiel Cousins und Cousinen als Geschwister wahrgenommen (vgl. Watson-Gegeo/Gegeo 1992, zit. n. Keller/Chasiotis 2008, 542 f.), in anderen polynesischen Ländern und Regionen (z. B. auf Hawaii) werden alle erwachsenen Bekannten als ›aunty‹ und ›uncle‹ bezeichnet. Wieder andere Kulturkreise schließen Nachbarn und Nachbarskinder mit in ihren Familienbegriff ein.

3.3.2 Sozialisation, Enkulturation und kulturspezifische Rollenverständnisse

Unter dem soziologischen Begriff der ›Sozialisation‹ wird die »soziale Prägung des Menschen durch Umwelt und Milieu in Abgrenzung

3.3 Kultur als ›Erzieherin im Hintergrund‹

sowohl zu Enkulturation als kultureller Bildung und Personalisation als selbstschöpferischer Entfaltung der eigenen Personalität als auch zu Erziehung als geplanter Lernhilfe« verstanden (Böhm 2000, 501). Ferner wird darunter das in unterschiedlichen Bezugsgruppen vermittelte Erlernen von Werten, Symbolen, Verhaltensweisen etc. verstanden. Mit Schubert & Klein können folgende Stufen der Sozialisation differenziert werden: die primäre Sozialisation, die überwiegend in der Familie stattfindet, die sekundäre Sozialisation über Bildungsinstitutionen, die Peergroup sowie das soziale Umfeld und abschließend die tertiäre Sozialisation über Kultur und Medien (vgl. Schubert/Klein 2011). Sozialisation umfasst also zusammenfassend die multiple Eingliederung eines Individuums in die Gesellschaft.

Vom Terminus ›Sozialisation‹ ist der der ›Enkulturation‹ abzugrenzen. Dieser

> »hat also die allgemeine Bedeutung von Lernen der Kultur, Lernen von Kulturmustern, Lernen des Werte- und Normensystems einer Kultur, Lernen kulturspezifischer Technologien, der Sprache, der Fertigkeiten, des kulturspezifischen Denkens, der kulturspezifischen Gefühlswelt usw., bezieht sich also auf die typischen Veränderungen und Aufbauprozesse der Persönlichkeit von Heranwachsenden, sofern sie durch kulturspezifische Einflüsse mitbestimmt sind und kulturelle Inhalte implizieren.« (Fend 1970, 44 f., zit. n. Reisch o. J., 5)

Reisch definiert Enkulturation kurz und knapp als »das Lernen spez. Techniken, Verhaltensmuster, Denkstrukturen, Gefühlslagen etc., die eine Gesellschaft zur Bewältigung ihrer spezifischen Probleme entwickelt hat« (o. J., 14).

Kulturspezifisch betrachtet können mit den Prozessen der Sozialisation und Enkulturation auch unterschiedliche Zeiträume der menschlichen Lebensalter oder -phasen datiert werden. Allgemeingültig werden das Ende der Kindheit und der Beginn des Erwachsenenalters mit der vollwertigen Eingliederung in die Gesellschaft gleichgesetzt. Während Kindheit in vielen Kulturen eher biologisch und entwicklungspsychologisch weniger rechtlich verstanden wird, ist das Ende der Kindheit meist mit dem Eintritt der Pubertät festgelegt, begleitet von kulturspezifischen oder religiösen Initiationsriten, denen unterschiedliche gesellschaftliche Bedeutung beigemessen wird (vgl. Krebs 2009, 60 ff.). Diese Riten sind zudem geschlechtsspezifisch, tauchen je nach Reifegrad der Jugendlichen auch zu unterschiedlichen Zeitpunkten in der Entwicklung auf und markieren den Eintritt in das Erwachsenenalter und die Heiratsfähigkeit. Auch hier zeigt sich – je nach Kulturkreis – eine große Variabilität. Je stärker die kulturspezifischen Vorstellungen über Eintritt ins Erwachsenenalter und Heiratsfähigkeit zweier Kulturen divergieren, als desto größer kann das Konfliktpotential eingestuft werden, z. B. zwischen evtl. traditionellen, kultureigenen Ansichten der Migranten und der rechtlichen und soziokulturellen Situation in Deutschland.

Familiäre und institutionelle Sozialisationsprozesse umfassen auch die Vermittlung von Geschlechterrollenleitbildern. Diese sind ebenfalls stark kulturell geprägt und von Kulturdimensionen durchzogen. Nach Schirrmacher weisen viele muslimische Länder ein traditionelles Geschlechterrollenverständnis auf, das auch in der Erziehung entsprechend vermittelt wird: Kinder wachsen in die von den Eltern vorgelebte Rolle hinein, bei der der Junge dem Vater folgt (ihn nachahmt), und das Mädchen der Mutter, die sich um Haushalt und Kindererziehung kümmert (vgl. Schirrmacher 2004, 4 f.). Ergänzend zum traditionellen Geschlechterrollenleitbild sind diese Kulturkreise charakterisiert anhand eines »interdependenten, aufeinander angewiesenen Familienmusters« (Uslucan 2007, 5, in Anlehnung an Leyendecker 2003). Mit Hofstede können sie demnach auch als maskuline Kulturen klassifiziert werden (▶ Kap. 2.3.1).

Nicht nur die Kulturdimension *Scham- vs. Schuldkultur*, sondern auch die als universell charakterisierte Dimension *Independenz und Interdependenz* (vgl. Keller 2003; Leyendecker/Schölmerich 2007) sorgt für Unterschiede zwischen den Kulturen. Darauf basierende, kulturbedingt divergierende Entwicklungsziele, dementsprechend unterschiedliches Verhalten der Eltern, entsprechende Vorbereitungen auf unterschiedliche Rollen in der Gesellschaft sowie unterschiedliche Entwicklungs- und Lebensperspektiven können demnach auch Ursache kultureller Missverständnisse und Differenzen in interkulturellen Interaktionen werden. Ergänzend kommt erschwerend hinzu, dass es sich bei diesen kulturellen Wert- und Lebensvorstellungen um relativ persistente, zeitstabile Orientierungen handelt, die übergenerativ weitergegeben werden und dadurch nicht immer einfach und schnell Annäherungen zwischen divergenten Vorstellungen angebahnt werden können (vgl. dazu u. a. Shaffer 2005; Shaffer/Kipp 2007).

3.3.3 Bikulturelle Sozialisation und hybride Identität

Sozialisation meint – wie bereits dargestellt – die multiple Eingliederung eines Individuums in die Gesellschaft. Unter dem Attribut ›bikulturell‹ kann ergänzend verstanden werden, dass im Leben eines Menschen zwei Kulturen vorhanden sind und zwei verschiedene kulturelle Einflüsse auf ihn einwirken, d. h. verschiedene kulturelle Organisationssysteme, zwei Sprachen, unterschiedliche Normen und Werte treffen aufeinander (vgl. Wenzler-Cremer 2005, 62). Bikulturell bedeutet nicht per se, dass eigene Migrationserfahrung vorliegen muss. Für Badawia ergeben sich für bikulturell sozialisierte Menschen unter anderem folgende spezifische Herausforderungen und kulturbedingte Wertediskrepanzen oder Konflikte:

- Differenz zwischen Selbst- und Fremdwahrnehmung (»›echte‹ Deutsche« vs. »Ausländer« (oder umgekehrt)) und damit zusammenhängende fehlende Anerkennung.
- Bikulturell Sozialisierte wollen nicht auf ihre Nationalität reduziert, vor allem nicht abgewertet, ausgegrenzt oder bemitleidet werden.
- Stattdessen spielt Zugehörigkeitsgefühl eine zentrale Rolle, bestimmt vom Thema »erlebter und gelebter Zugehörigkeit« (»innere« und »äußere Bikulturalität«) und bikultureller Zwischenwelten.
- Identitätsarbeit im Sinne eines kreativen Umgangs mit vielfältigen kulturellen Einflüssen (»hybride Identität«).

(vgl. Badawia 2006)

3 Kultur und Verhalten

Für Badawia ist die zentrale Frage im Umgang mit bikulturell sozialisierten Jugendlichen die folgende: »Wie kann die deutsche Einwanderungsgesellschaft zum Empowerment von bikulturell orientierten Jugendlichen so beitragen, dass die individuelle Integrationsleistung solcher Jugendlicher in sozial anerkannte Lebensentwürfe und Sozialisationsmuster mündet?« (Badawia 2006, 185). Und er beantwortet sie für sich damit, dass es Ziel sein muss, eigenständige, multiple und veränderliche Wahrnehmungs- und Handlungsmuster innerhalb der psychischen Integrationserfahrung zu ermöglichen (vgl. ebd. 2006). Als eigeninitiativen, kreativen Identitätsentwurf für bikulturell sozialisierte Jugendliche entwirft er die ›Dritte Stuhl‹-Metapher (vgl. Badawia 2002; Badawia 2006, 190), die symbolisch dafür steht, das ›Zwischen zwei Kulturen‹-Stehen der Jugendlichen aktiv zu beenden und sich, metaphorisch gesehen, einen dritten, neuen und eigenen Stuhl in die Mitte zu stellen und dort etwas Neues, Interkulturelles oder Hybrides (▶ Kap. 2.6) entstehen zu lassen.

Ergänzend kann das neuere Konzept ›hybrider Identität‹, basierend auf einer bikulturellen Sozialisation, als herausfordernder Identitätsentwurf verstanden werden. Eine ›hybride Identität‹ kann nach Foroutan & Schäfer so definiert werden, dass »ein Mensch [...] sich zwei oder mehreren kulturellen Räumen gleichermaßen zugehörig [fühlt]« (Foroutan/Schäfer 2009, 11). Ähnlich stellen sich für Hein erarbeitete, hybride Identitäten als »Menschen [heraus], die zwischen den Kulturen leben. Man kennt sie als Brückenmenschen, Übersetzer oder Bindestrich-Existenzen. Es handelt sich um Menschen, die einen Seilakt zwischen den verschiedenen Kulturen vollbringen. Sie sind kulturelle Jongleure und Bastelexistenzen. Ihre kulturellen Identitäten sind das Ergebnis kultureller Kreuzungen und Verbindungen« (Hein 2006, 19).

Das Potential und die Chancen bikultureller Sozialisation und hybrider Identitäten können zum einen darin gesehen werden, dass sie gesamtgesellschaftliche Wirksamkeit im Sinne eines Vorzeigebeispiels und Modell-Charakters bieten und somit als Vorbildfunktion für andere bikulturell Sozialisierte gelten können. Für den Betroffenen selbst kann die Mehrfachzugehörigkeit zum anderen zu verschie-

3.3 Kultur als ›Erzieherin im Hintergrund‹

denen kulturellen Wertesystemen ein Potential an Handlungsmöglichkeiten, die (soziale) Anerkennung durch die verschiedenen Gruppen und eine dynamische Selbstverortung bringen, was auch zur Identitätsentwicklung und -stabilisierung beiträgt. Da bikulturelle Biographien komplexe Lebensmuster und -entwürfe in multiplen Realitäten und Sinnzusammenhängen darstellen, kann jede einzelne (sub-)kulturelle Verortung als biographische ›Extraleistung‹ in der Identitätsentwicklung interpretiert werden. Dies erfordert im Gegenzug aber ein verstärktes Ausbalancieren der eigenen Identität und eine beständige und dynamische Weiterentwicklung und Stabilisierung derselben. Risiken bikultureller hybrider Identitätsentwürfe können beispielsweise im Phänomen der ›doppelten Heimatlosigkeit‹ gesehen werden, da zwar doppelte Zugehörigkeit zu kulturellen Systemen besteht, jedoch keine eindeutige Zuordnung zu nur einem System. Das Konzept von Heimat, als einziger kultureller Verortung, ist in hybriden Identitätsentwürfen per se nicht vorgesehen. Hybride Identitäten bewegen sich zwischen Kulturen und Welten hin und her (vgl. Hein 2006). Insbesondere für Jugendliche in der Identitätsentwicklung kann diese Herausforderung auch schnell zu Überforderung führen, alle kulturellen Einflüsse ausgewogen auszubalancieren und sich auch gegen kulturelle oder soziale, an sie gestellte Ansprüche und Forderungen (z. B. durch Familie oder Freunde) behaupten zu können. Von Seiten des sozialen Umfeldes wird dieser moderne, hybride Identitätsentwurf jedoch leider des Öfteren noch verkannt und weniger als Identitätsleistung wahrgenommen – es fehlt häufig am Verständnis für die Identitätskonstruktion der bikulturell sozialisierten Jugendlichen, was sich wiederum hemmend oder gefährdend auf deren Identitätsentwicklung auswirken kann (vgl. dazu ebd.; Schramkowski 2009; Spohn 2006; Badawia 2002; 2008; Dorfmüller-Karpusa 1993).

Dieses gesamte Kapitel bilanzierend kann festgehalten werden, dass Kultur – implizit und explizit – einen fundamentalen Einfluss auf Erziehungs- und Sozialisationsprozesse nimmt und dass es kulturspezifisch derart große Unterschiede hinsichtlich der Umsetzung von

Sorge, Pflege, Sozialisation, Erziehungszielen und -prinzipien sowie der Weitergabe von Regeln, Normen und Werten gibt, dass als ›kleinster gemeinsamer Nenner‹ hinsichtlich der Erziehungs- und Sozialisationsziele allen Kulturen lediglich gemein ist, dass ihnen die Grundversorgung ihrer Kinder sowie deren Bedürfnisbefriedigung wichtig ist, und als zweite zentrale Gemeinsamkeit die Vorbereitung auf ein Leben in der Gesellschaft – die Wege, dies zu realisieren, sind jedoch höchst kulturspezifisch bis individuell.

4 Auffälliges Verhalten im kulturellen Kontext

4.1 Definitionen von Verhaltensauffälligkeiten

Um über auffälliges Verhalten im kulturellen Kontext diskutieren zu können, müssen zu Beginn auffälliges Verhalten und Verhaltensstörungen begrifflich bestimmt und voneinander abgegrenzt werden. Hierzu soll auf zwei etablierte Definitionen der Termini zurückgegriffen werden. Myschker & Stein definieren Verhaltensstörungen als

»ein von den zeit- und kulturspezifischen Erwartungsnormen abweichendes maladaptives Verhalten, das organogen und/oder milieureaktiv bedingt ist, wegen der Mehrdimensionalität, der Häufigkeit und des Schweregrades die

4 Auffälliges Verhalten im kulturellen Kontext

Entwicklungs-, Lern- und Arbeitsfähigkeit sowie das Interaktionsgeschehen in der Umwelt beeinträchtigt und ohne besondere pädagogisch-therapeutische Hilfe nicht oder nur unzureichend überwunden werden kann.« (Myschker/Stein 2014, 51)

Diese, eher personorientierte Sichtweise auf Verhaltensstörungen hat den für diesen thematischen Kontext bedeutsamen Vorteil, dass sie die zeit- und kulturspezifischen Erwartungsnormen, die ursächlich für abweichendes Verhalten sein können, explizit mit aufführt.

Um eine andere, eher systemische Definition dieser gegenüberzustellen, soll Seitz' Begriffsverständnis ergänzend genannt werden. Er versteht Verhaltensstörung als »eine Auffälligkeit, die in einer Störung eines Funktionsgleichgewichts des Personen-Umwelt-Bezugs liegt, sei es, daß für eine bestimmte Funktion [...] unangemessene, nicht regelgerechte Mittel [...] eingesetzt werden oder daß eine bestimmte Teilfunktion des Gesamtsystems [...] zu sehr in den Vordergrund tritt« (Seitz 1991, 7, zit. n. Stein/Stein 2014, 30 f.). Vorteil dieser Sichtweise ist, dass sie keine Diskussion um die Schuldfrage oder Verantwortlichkeit bei den sich auffällig verhaltenden Personen aufkommen lässt, indem sie den Blick zugleich auch auf das Umfeld und nicht ausschließlich auf die Person richtet. Gerade im interkulturellen Kontext ist dieser systemische Blick von Vorteil, wie die nachfolgenden Kapitel zu Auffälligkeiten im kulturellen Kontext zeigen werden. Interaktionistisch mit Bach gesehen kann auffälliges Verhalten ursächlich ebenfalls auf Normabweichung oder auch »auf der Unangemessenheit der zugrunde liegenden Erwartungen oder auf Wahrnehmungsfehlern auf Seiten des Beurteilers beruhen« (Stein/Stein 2014, 29). Auch dieser Aspekt ist hinsichtlich kulturbedingt auffälligen Verhaltens oder Ethnozentrismus eine interessante Überlegung.

Myschker & Stein folgend soll in diesem Buch auch eher von Verhaltensauffälligkeiten die Rede sein, da der Begriff neutraler ist (vgl. Myschker/Stein 2014, 47). Von auffälligem Verhalten im kulturellen Kontext soll daher die Rede sein, wenn es sich um migrationsbedingt und/oder kulturbedingt auffälliges Verhalten und Erleben einer Person oder Personengruppe handelt, um interkulturelle Konflikte sowie ethnozentrische bzw. gesellschaftliche Probleme, die kulturbenachteiligend sind (▶ Abb. 5). Alle vier Problemfelder werden nun näher ausgeführt und einzeln erläutert.

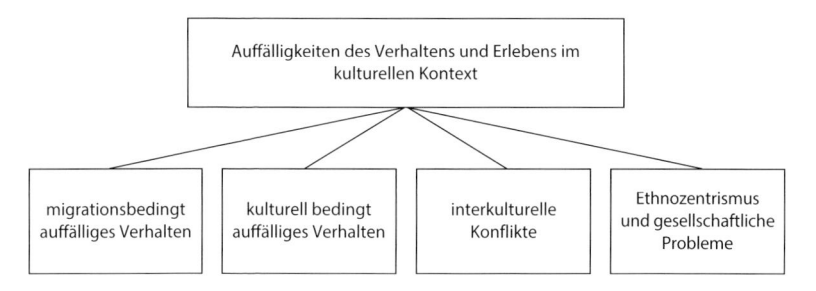

Abb. 5: Problem- und Aufgabenfelder im Bereich auffälligen Verhaltens im kulturellen Kontext

4.2 Migrationsbedingt auffälliges Verhalten

Als migrationsbedingt auffälliges Verhalten werden alle Auffälligkeiten des Verhaltens, Handelns und Erlebens einer Person verstanden, die vor, während oder nach einem Migrationsprozess entstehen und in direktem Zusammenhang mit der Migration stehen, also als Ursache, Begleiterscheinung oder reaktiv als Folge der Migration gesehen werden können (▶ Abb. 6).

Einleitend sollen überblicksartig ausgewählte Definitionen von ›Migration‹, ›Menschen mit Migrationshintergrund‹ sowie der Terminus ›Akkulturation‹ in Abgrenzung zur ›Enkulturation‹ vorgestellt werden, um genauer die Ursachen, Auslöser und Hintergründe migrationsbedingt auffälligen Verhaltens analysieren und verstehen zu können. Lederer et al. verstehen ›Migration‹ soziologisch als »die räumliche Bewegung zur Veränderung des Lebensmittelpunktes von Individuen oder Gruppen über eine bedeutsame Entfernung« (Lederer et al. 1999, 5).

4 Auffälliges Verhalten im kulturellen Kontext

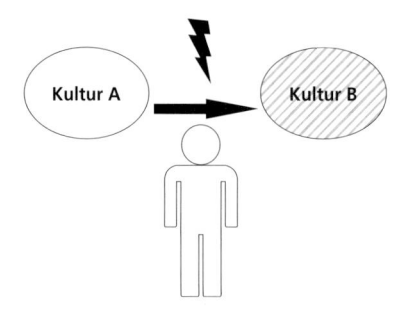

Abb. 6: Migrationsbedingt auffälliges Verhalten

Eine psychologische Definition des Begriffs liefert Maček unter Bezugnahme auf Chambers, bei der der Fokus auf kognitiven, emotionalen, sozialen und kulturellen Prozessen und Veränderungen liegt:

»Migration ist das Auswandern aus einem Bezugssystem mit seiner gesamten Kultur des Fühlens, Denkens und Handelns in ein anderes Bezugssystem mit eigenen Ideen, Ritualen und seiner Kultur des Seins, der Übergang also von einem Orientierungssystem in ein anderes, von einer kulturell prägenden Matrix in eine andere Matrix. Die Migration ist eine ›Wanderschaft ohne sichere Rückkehr oder gewisse Ankunft‹.« (Chambers 1996, zit. n. Maček 2002, 67)

Als Migranten oder Menschen mit Migrationshintergrund können daraus ableitend Menschen bezeichnet werden,

»die ihren Geburtsort (nationale Migranten) oder ihr Geburtsland (transnationale Migranten) freiwillig (u. a. Arbeitsmigration) oder gezwungenermaßen (u. a. Asylbewerber und Flüchtlinge) verlassen. In Deutschland werden entweder Menschen als ›Migranten‹ bezeichnet basierend auf der Nationalität [...] oder als ›Personen mit Migrationshintergrund‹ nach dem Geburtsort von mindestens einem Elternteil [...]. Beide Gruppen lassen sich nach Einreisemotivation und aufenthaltsrechtlichem Status unterscheiden.« (Löffelholz 2007, zit. n. Lindert et al. 2008, 110)

Diese Definition gibt einerseits Aufschluss über Migrationsmotive sowie andererseits über Teilgruppen, die aufgrund der erlebten oder fehlenden eigenen Migrationserfahrung unter die Gruppe der Menschen mit Migrationshintergrund fallen. Migrationsgründe können

4.2 Migrationsbedingt auffälliges Verhalten

in sog. Push- oder Schubfaktoren, d. h. aus dem Herkunftsland treibende Faktoren, und sog. Pull- oder Sogfaktoren, d. h. ans Zielland gebundene Faktoren, die es als neuen Lebensort attraktiv machen, differenziert werden.

Unter ›Enkulturation‹ versteht man den natürlichen Reifungsprozesses des Hineinwachsens in die eigene Primär- oder Herkunftskultur und das teils unbewusste und informelle, teils bewusste und formelle Erlernen von Kulturtechniken, soziokulturellen Normen und kulturspezifischen Werten, die für die weitere Entwicklung stark prägend sind. ›Akkulturation‹ hingegen bezeichnet das nachträgliche Einleben in eine fremde Kultur, meist nach einer Migration oder einem Kulturwechsel. In einem bewussten Lernprozess, der vermehrt kognitive und emotionale Ressourcen benötigt, müssen soziokulturelle Normen und Werte wahrgenommen, erkannt, entsprechenden Kategorien zugeordnet und angewandt werden. Es handelt sich gewissermaßen um das Erlernen der ›neuen‹ Kultur, weshalb Akkulturation auch als Sekundär- oder Tertiärsozialisation treffend beschrieben wird.

Um sich dem Akkulturationsbegriff auf andere Weise zu nähern, sollen der Migrationsprozess nach Sluzki (2001) sowie anschließend das viergliedrige Schema der Akkulturation nach Berry (1990; 1997; 2006; 2008) vorgestellt werden.

Ein psychologisches Modell, das insbesondere Akkulturationsstress im Hinblick auf psychische Anfälligkeit und Resilienz bei Migranten fokussiert, stellt das Modell von Sluzki dar (▶ Abb. 7), das sich als besonders anschaulich für den Kontext migrationsbedingt auffälligen Verhaltens und interkultureller Konfliktpotentiale erweist. Es setzt bereits vor dem eigentlichen Migrationsprozess an und endet erst Jahre nach dem tatsächlich abgeschlossenen Migrationsakt. Auch aufgrund dieser zeitlich umfassenderen Perspektive verdeutlicht es anschaulich, welchen Einfluss der Migrationsprozess auf Erleben und Handeln eines Menschen mit eigener Migrationserfahrung hat. In der *Vorbereitungsphase*, deren Dauer je nach Migrationsprozess und -grund unterschiedlich lang sein kann, zeichnen sich bereits erste Höhen und Tiefen ab. Phasen der Angst, Sorge,

Enttäuschung, Überforderung und Belastung können als Stressoren und Spannungen wahrgenommen werden. Häufig ist sie charakterisiert durch Ambivalenz zwischen positiven Zukunftsvorstellungen und der Trauer um das Verlassen von Heimat, Angehörigen und Freunden. Sie gilt als kritisches Moment, sich auf den Rollen- und Perspektivwechsel einzustellen, die Vergangenheit los- und sich auf Neues einzulassen. In dieser Phase übernimmt der ›personelle Motor‹ Verantwortung für die Entscheidung, was ihm/ihr im Folgenden häufig ambivalente Rollen wie die des ›Retters‹ oder des ›Sündenbocks‹ auferlegt (vgl. Sluzki 2001, 101 ff.).

In der zweiten Phase, der des tatsächlichen *Migrationsaktes*, sind Migranten meist sich selbst überlassen, entwickeln individuelle Coping-Strategien, um mit den multiplen Belastungen und Strapazen zurechtzukommen. Das gezwungene Aufbrechen starker emotionaler, persönlicher Bindungen und Beziehungen durch Migration (›Schicksalsgemeinschaft der Migranten‹), die Ambivalenz zwischen Aufrechterhalten aller alten Beziehungen mit der Option auf Rückkehr und der Abbruch aller Brücken zur Vergangenheit zeigen sich als psychische Belastungsfaktoren (vgl. ebd.).

Die *Phase der Überkompensation* markiert eine protrahierte, den Betroffenen häufig unbewusste Reaktion auf den Migrationsakt. Es geht während dieser Zeit darum, neue Rollenverteilungen (in Familie und sozialem Umfeld) zu etablieren und sich durch entwickelte oder modifizierte Regulations- und Anpassungsprozesse an erlebte Wirklichkeit und kulturelle Verhaltensnormen der Aufnahmekultur anzupassen. Charakterisiert ist diese Phase durch anfänglich eher passives Beobachten kurz nach der Migration, später dann bewusstes Reflektieren und Umsetzen oder vehementes Ablehnen (vgl. ebd.).

Die *Phase der Dekompensation* gilt als sehr bewegte Phase mit Konflikten und Problemen. Zentrale Aufgabe ist es, eine neue Realität in der Aufnahmegesellschaft zu gestalten, aber auch eine Balance mit traditionellen Regeln und Werten zu erreichen. Diese Phase erweist sich für viele als schwierig, belastend, konfliktreich und schmerzhaft. Der jüngeren Generation gelingt die Akkulturation meist schneller und leichter, was innerfamiliäre Generationskonflikte auslösen kann. In anderen Fällen zeigt sich oftmals ein bewusstes Aufrechterhalten traditioneller Muster (starke Familienidentität) und damit die unbeabsichtigte oder willentliche Entfremdung von der außerfamiliären Welt der Aufnahmegesellschaft. Für Resilienz und psychische Gesundheit ist es daher sehr wichtig, insbesondere diese (Trauer- und Verarbeitungs-)Phase erfolgreich zu bewältigen und abzuschließen. Insbesondere in dieser Phase treten (psycho-)somatische Beschwerden, psychische Probleme und Störungen, Delinquenz als Reaktion auf Stress, Anpassungsprobleme, Schmerz, Trauer und Konflikte auf (vgl. ebd.).

Sluzkis Modell endet mit der *Phase der generationsübergreifenden Anpassungsprozesse*, die oftmals erst in zweiter oder dritter Generation auftreten und zu interpersonellen/familiären Konflikten führen. Häufiges Konfliktthema sind Umgang mit Akkulturationsstress und Ambivalenz zwischen sich ausbildenden Bewältigungsstrategien, der (Re-)Traditionalisierung innerhalb der Familie und divergierenden, multikulturellen Werten der außerfamiliären Welt (vgl. ebd.).

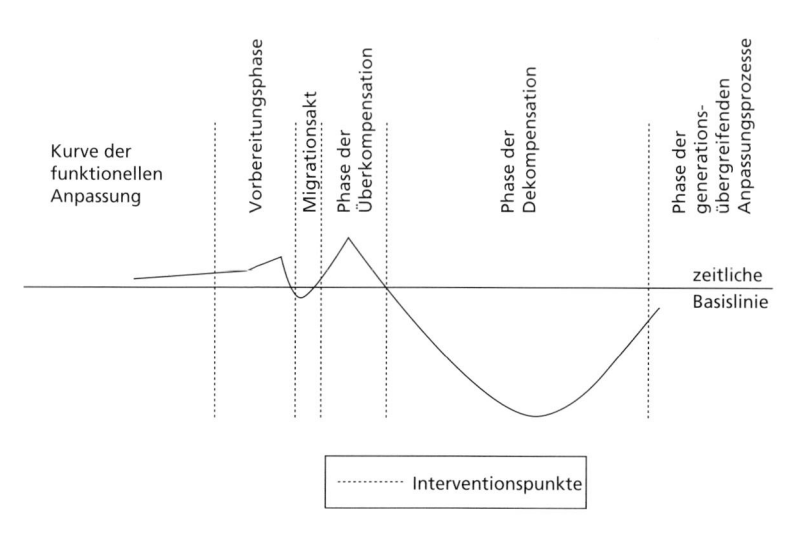

Abb. 7: Migrationsprozess nach Sluzki (vgl. 2001, 103)

Berry (vgl. 1990; 1997; 2006; 2008) differenziert – im Kontrast zum Prozessmodell bei Sluzki – vier Stadien bzw. Endresultate der Akkulturation, indem er die beiden Dimensionen *Beibehaltung der ursprünglichen kulturellen Identität* (›cultural maintenance‹) und *Herstellung neuer positiver Beziehungen zur Aufnahmekultur* (›contact and participation‹) als Variablen festlegt. Daraus ergibt sich eine Matrix mit den vier Akkulturationsformen Integration, Assimilation, Separation und Marginalität (▶ Abb. 8).

		Erhalt der eigenen kulturellen Identität	
		Ja	Nein
Herstellen positiver interkultureller Beziehungen	Ja	Integration	Assimilation
	Nein	Separation/Segregation	Marginalität

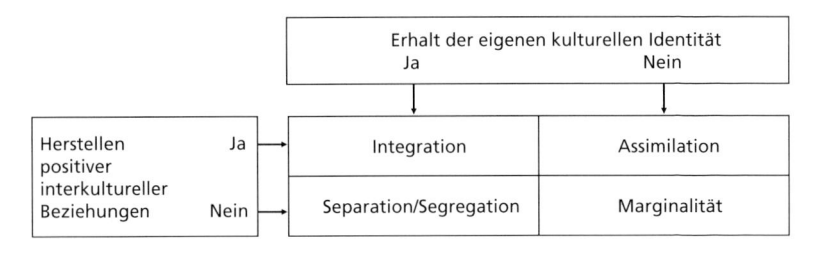

Abb. 8: Akkulturationsschema nach Berry (vgl. 1990)

Von *Integration* ist die Rede, wenn es nach einem Migrationsprozess gelingt, sowohl positive Beziehungen zur Aufnahmekultur herzustellen und dennoch die ursprüngliche kulturelle Identität der Herkunftskultur beizubehalten. Integration stellt die Synthese beider Kulturen in der eigenen Identität und eine »Balance zwischen dem Bewahren eigener Kulturstandards und der Offenheit für Veränderung« dar (Kollermann 2006, 86, zit. n. Erll/Gymnich 2007, 70). Sie gilt als die erfolgreichste Form und als Möglichkeit zur Weiterentwicklung, wobei auch stets zu erwartende Konflikte aus divergenten Normen und Werten nicht zu verleugnen sind. Die sich Integrierenden müssen individuelle Kompromisslösungen zwischen den verschiedenen Kulturen entwickeln, verfügen dafür aber über gute persönliche und soziale Ressourcen durch den beiderseitigen Kontakt zur Herkunfts- und Aufnahmekultur (vgl. Berry 1990; 1997; 2006; 2008).

Assimilation bezeichnet das Verdrängen oder Ablegen der ursprünglichen kulturellen Identität (z. B. Sprache und andere Kulturtechniken) und zugleich die vollständige Anpassung an und Identifikation mit der neuen Umgebung. Die Aufnahmekultur wird zur Norm für Wertvorstellungen und Verhaltensweisen, wird ›Leitkultur‹. Von Seiten der Aufnahmekultur wird dies häufig begrüßt und fälschlicherweise als wahre Form der Integration gesehen. Assimilation bedeutet aber für die Migranten auch, die kulturellen Wurzeln komplett aufzugeben und zugleich hohe innerpsychische Spannung, da sich Sozialisation und Enkulturation einerseits sowie Akkulturation im hier verstandenen Sinne vollkommener Anpassung nicht ausbalancieren lassen. Der Erwartungsdruck der Gesellschaft in der Aufnahmekultur kommt ergänzend belastend hinzu (vgl. ebd.).

Als dritte Form identifiziert Berry (vgl. ebd.) die *Separation*, die sich in totaler Ablehnung der Aufnahmekultur und einem Festhalten an Heimat- und Herkunftskultur zeigt. Mögliche Folge kann die Entwicklung von Sub- oder Parallelkulturen sein. Diese Form ist zweiseitig zu sehen, einmal von der Gruppe der Migranten aus als fehlende Integrationsbestrebungen (*Separation*) und von Seiten der Aufnahmekultur, indem systematisch zwecks Homogenisierung bestimmte Teilgruppen von anderen getrennt oder ausgegrenzt werden (*Segregation*). So kritisch dieser Entwicklungsverlauf zu sehen ist, so führt er doch dazu, dass Migranten noch ihre ursprüngliche kulturelle Identität bewahren und nicht komplett orientierungslos werden, was die Folge der vierten Form, der *Marginalität*, ist. Sie ist charakterisiert durch den Verlust der eigenen kulturellen Identität bei gleichzeitig fehlendem Zugang zur neuen Kultur und gilt als ›erfolgloseste‹ Form der Akkulturation. Migranten sind nach dem Kulturwechsel und dem (vorläufig) ›gescheiterten‹ Akkulturationsprozess häufig verunsichert und orientierungslos. Folgen der Marginalität können in der Destabilisierung der Identität durch Konfrontation mit der Aufnahme- und fehlendem Bezug zur Herkunftskultur gesehen werden und resultieren nicht zuletzt aus einem Mangel an Interkultureller Kompetenz. Die Verantwortung für dieses Scheitern kann allerdings nicht allein bei den sich Akkulturierenden gesucht werden, sondern ist zu gleichen Teilen auch von der Aufnahmekultur mitverursacht, z. B. durch Integrationshürden, fehlende Toleranz und Akzeptanz gegenüber Multikulturalität sowie fehlender Bereitschaft zur interkulturellen Öffnung (vgl. ebd.; vgl. Schönpflug 2003, 520).

Migrationsbedingt auffälliges Verhalten kann – in Anlehnung an die dargestellten Akkulturationsmodelle – ursächlich bzw. den Zeitpunkt der Entstehung berücksichtigend in drei Kategorien eingeteilt werden:

1. Ursachen und Beginn *vor dem Migrationsakt*: Ängste und Unsicherheiten bzgl. Auswanderung, Neubeginn und Zukunft; Trauer über Abschied, Trennung von Angehörigen, Freunden und Bezugspersonen; Unsicherheit bzgl. Wiedersehen; Trotz- und Protestverhalten insbesondere bei Kindern, die nicht migrieren wollen und über deren Kopf hinweg entschieden wurde; Gewalterlebnisse wie Krieg, Folter, Vertreibung; andere existentielle Bedrohungen wie Hungersnöte, Umweltkatastrophen, Arbeitslosigkeit und Armut
2. Ursachen und Beginn *während des Migrationsaktes* (vor allem auf Gruppe der Flüchtlinge und Zwangsmigranten zutreffend): Gewalterfahrungen (z. B. Missbrauch) und existentielle Bedrohungen (z. B. Hungern); psychische und physische Strapazen oft gravierend und lebensbedrohlich; Trennung oder Tod von Angehörigen und Mitreisenden; erhöhter Disstress; erlebte Orientierungs- und Hilflosigkeit sowie Ohnmacht; Abhängigkeit von anderen (z. B. Fluchthelfer); Angst; Panikattacken
3. Ursachen und Auslöser *nach dem Migrationsakt*: Verständigungs- und Verständnisprobleme, die zu Verhaltensverunsicherung (Ängsten, sozialem Rückzug, Isolation) führen oder zu Konflikten; inadäquate Coping-Strategien und Akkulturationsschwierigkeiten; Heimweh; Auswirkungen der Akkulturation auf die Identität; Gewalterfahrungen im Aufnahmeland (Rassismus, Fremdenfeindlichkeit)

Als Folge der oben genannten entwickeln sich – u. U. zeitverzögert zum Migrationsakt – folgende psychische Störungen, psychosomatische Syndrome oder Verhaltensweisen als migrationsbedingt auffälliges Verhalten:

* Rebellion, Trotzverhalten oder Aggression
* Posttraumatische Belastungsstörung, Anpassungsstörung, Depression, Angststörung wie Verlust- und Trennungsängste, Zukunftsängste
* Suchtverhalten und Abhängigkeit
* Schlafstörungen, psychosomatische Beschwerden und Somatisierungen, Albträume
* Amnesien
* pathologisches Heimweh
* regressive Phänomene, Rückfälle in frühere Entwicklungsstufen (Einnässen, Daumenlutschen, Baby-Sprache), Entwicklungsverzögerungen
* unangepasstes Sozialverhalten oder Störung des Sozialverhaltens
* dissoziative Störungen
* Bindungsstörungen und Vertrauensverlust in andere Menschen (eigene Zusammenstellung; vgl. dazu aber unter anderem Bermejo et al. 2010; Han 2007; Assion 2005; Hegemann 2001; Hegemann/Lenk-Neumann 2002; Maček 2002; Borde/David 2007)

Nach Bermejo et al. sind bei Migranten mit eigener Migrationserfahrung signifikant höhere Prävalenzraten für psychische Erkrankungen und Störungen zu verzeichnen. Aufgrund der besonderen Erlebnisse und gemachten Erfahrungen weisen sie zwar einerseits großes interkulturelles Potential und erhebliche (persönliche) Ressourcen auf, andererseits allerdings eine erhöhte Vulnerabilität (vgl. Bermejo et al. 2010, 225). Bei Menschen mit Migrationshintergrund (und eigener Migrationserfahrung) entwickeln sich nach Assion psychische Störungen sekundär, d. h. als Folge der migrationsbedingten Belastungen. Diese Belastungen haben Einfluss auf Zeitpunkt und Entstehung der Störung, Krankheitsverlauf, Grad der Manifestation und Versorgungssituation (vgl. Assion 2005, 135). Er summiert eine Reihe von Einflussfaktoren, die im Zusammenhang mit migrationsbedingt entstandenen Störungen stehen: individuelle Belastungen (wie vorherige traumatische Erlebnisse), familiäre Situation, das soziale Netzwerk, ökonomische Faktoren, sprachlich-kommunikative Fähigkeiten, der kulturelle Kontext, kulturspezifische Syndrome oder Krankheits- und Symptomvorstellungen, religiöse und traditionelle Vorstellungen sowie Zugangsmöglichkeiten zu professioneller Hilfe (vgl. Assion 2005).

Die Integration in die neue Kultur und das Hineinfinden in die neue Rolle fällt nicht allen Immigrierten – egal welchen Alters – gleichermaßen leicht. Einige reagieren darauf mit sozialem Rückzug und Isolation. Verlaufen die ersten Kontaktversuche mit der neuen Kultur erfolgreich, werden die Kinder und Jugendlichen sicherer im Auftreten, gewinnen Selbstbewusstsein, finden schneller neue Freunde und können sich zügig integrieren. Verlaufen die ersten Kontakte allerdings nur von Seiten der Kinder und Jugendlichen mit Migrationshintergrund und werden von der Aufnahmekultur nicht erwidert oder verweigern Kinder und Jugendliche erst Kontaktversuche von Personen aus der neuen Aufnahmekultur, so überwiegen negative Eindrücke und Erfahrungen und eine Integration wird erschwert. Vermehrt ist in den ersten Wochen und Monaten auch mit Heimweh und Rückkehrwünschen zu rechnen. Aus pädagogischer Sicht ist es daher umso wichtiger, Kinder und Jugendliche direkt nach der Migration offen auf- und anzunehmen und ihnen erste positive Erfahrungen im Umgang mit Menschen und der neuen Kultur zu ermöglichen.

Sluzki zustimmend können migrationsbedingt auffällige Verhaltensweisen auch noch in der Akkulturationsphase der generationsübergreifenden Anpassungsprozesse auftreten, in der beispielsweise Generationenkonflikte Jahre oder Jahrzehnte nach dem tatsächlichen Migrationsprozesses in Erscheinung treten und belastend wirken können. Auch Rückkehrwünsche und das Altern der Ersteinwanderer-Generation in der Fremde und daraus resultierende intrapersonale wie familiäre Konflikte können die Folge sein (vgl. Sluzki 2001, 110 f.).

4.3 Kulturbedingt auffälliges Verhalten

Unter kulturbedingt auffälligem Verhalten können Auffälligkeiten des Verhaltens und Erlebens einer Person verstanden werden, die durch Anwendung kulturspezifischer Normen und der daraus resultierenden Beurteilung des Verhaltens anderer entstehen. Wie nachfolgend ausführlicher dargestellt, entwickeln Kulturen (und Subkulturen) Normen adäquaten Verhaltens und Erlebens, die für die Mehrheit ihrer Mitglieder als verbindlich angesehen werden. Im interkulturellen Kontext können – je nach Konstellation der aufeinandertreffenden Kulturen – diese Normen stark divergieren und zu Missverständnissen, Fremdheitsgefühlen oder Konflikten führen. Somit sind sie klar von den migrationsbedingten Verhaltensauffälligkeiten (▶ Kap. 4.2) abzugrenzen.

Erst durch die Anwendung der durch Sozialisation erworbenen soziokulturellen Normen wird das Verhalten anderer Menschen als ›der Norm entsprechend‹ oder ›von der Norm abweichend‹ wahrgenommen, beurteilt und dem Gegenüber sich dementsprechend verhalten. Das heißt, erst durch die Gültigkeit und Anwendung der subjektiv oder kulturell als wichtig und verbindlich erachteten, soziokulturellen Normen wird das Verhalten von Menschen aus anderen Kulturkreisen als ›anders‹, ›auffällig‹, ›fremd‹ oder ›nicht normal‹ beurteilt. All diese Attribute haben meist negativen, selten positiven Charakter. Die Abweichung von der Norm als kulturellem Maßstab zieht negative Beurteilungen und dementsprechend negative Reaktionen auf das Verhalten von Menschen anderer Kulturen nach sich. So werden Auffälligkeiten im Verhalten und Erleben in unterschiedlichsten gesellschaftlichen Kontexten häufig durch (sub-)kulturelle Unterschiede erzeugt.

Wie Abbildung 9 verdeutlicht, geht es um Verhaltensweisen einer Person A aus Kultur A, die im kulturellen Umfeld der Herkunftskultur (A) als gut, positiv oder normal angesehen werden, in einem anderen kulturellen Umfeld – in der Abbildung dargestellt durch Kultur B – zu Problemen führen können, weil sie missverstanden

4 Auffälliges Verhalten im kulturellen Kontext

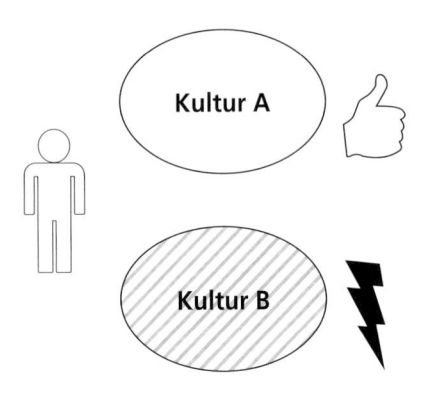

Abb. 9: Kulturbedingt auffälliges Verhalten

werden, keine oder eine vollkommen andere Bewertung erhalten. Die Verhaltensweisen der Person A sind aufgrund ihrer Einzigartigkeit oder Andersartigkeit auch daher in Kultur B von der soziokulturellen wie auch der statistischen Norm abweichend, da das Verhalten der Person A nicht häufig vorkommt und auch daher besonders ist. Um dies an einem einfachen Beispiel zu verdeutlichen, wird auf ein Fallbeispiel aus Nieke zurückgegriffen:

> »Ein Schüler aus Südeuropa kommt neu in eine Klasse und spricht noch nicht viel Deutsch. Als die Lehrerin ihn fragt, ob er eine Aufgabe übernehmen möchte, sagt er begeistert ›Ja‹ und schüttelt dabei zugleich den Kopf. Die Lehrerin fragt verwundert: ›Was möchtest Du denn nun: ja oder nein?‹ Das Missverständnis entsteht daraus, dass der Junge die in seiner Lebenswelt übliche Kopfbewegung, die Drehung des Kopfes mit leichtem Anheben, selbstverständlich mit Bestätigung verbindet, während sie in Nordwesteuropa als Geste der Verneinung verstanden wird, weil sie dem hier üblichen Kopfschütteln als Zeichen der Verneinung sehr ähnlich ist. Das lässt sich durch Nachfrage leicht aufklären.« (Nieke 2008, 241)

Das Missverständnis im Beispiel lässt sich tatsächlich trotz anfänglicher Verwirrung einfach beheben, gravierendere Ausmaße haben die Unterschiede jedoch, wenn in interkulturellen Begegnungen Menschen aus hinsichtlich einer bestimmten Kulturdimension divergenten Kulturen aufeinandertreffen, z. B. individualistisch und kollektivistische Kulturen, Scham- und Schuldkulturen oder High- und Low-Kontext-Kulturen (▶ Kap. 2.3).

Kulturbedingt auffälliges Verhalten und die Herausforderung des Umgangs mit multiplen kulturellen Normen- und Wertesystemen zeigt sich in der Folge nicht nur in intra- und interpersonellen (Konflikt-)Situationen, sondern auch im Ethnozentrismus und der sog. Leitkultur-Debatte, was wiederum in den Kapiteln 4.4 sowie 4.5 als Folge oder Resultat kulturbedingt auffälligen Verhaltens beschrieben wird.

4.3.1 Kulturelle und soziokulturelle Normen und Werte als Handlungs- und Einstellungsleitlinien

Normen und Werte entwickeln sich aus der Kultur heraus und stellen zugleich einen fundamentalen Bereich der Kultur dar, der ihre Mitglieder über einen langen Zeitraum, d. h. auch übergenerativ, prägt. Soziokulturelle Normen können gewissermaßen als Orientierung für Verhalten und Handlungen gesehen werden, fungieren als Maßstab für Bewertungen eigenen wie fremden Verhaltens und führen letztendlich aufgrund ihrer Gültigkeit und Verbindlichkeit für die Mitglieder einer Gesellschaft oder Gruppe gewissermaßen auch zu Verhaltensgleichförmigkeit. Eine ›Norm‹ kann mit Lamnek definiert werden als »Vorstellung von einem Verhalten, das in bestimmten Situationen von bestimmten Positionsinhabern erwartet wird und deren Mißachtung Sanktionen nach sich zieht« (Lamnek 1996, 300). Daraus resultiert eine ausreichende Konformität mit den gültigen Normen zur Prävention der bei Normabweichung drohenden Konsequenzen und Sanktionen. Zu berücksichtigen sind jedoch ein Toleranzbereich und die Verhaltenstransparenz in Bezug auf Norm wie auch damit verbundene Sanktionen bei Nonkonformität (vgl. ebd., 29). Ergänzend können Normen als »Verhaltensforderungen für wiederkehrende Situationen« gesehen werden, was den Mitgliedern einer Gesellschaft Struktur und Orientierung bietet und soziales Zusammenleben mitregelt (Splitter 1967, zit. n. ebd., 17).

Folgt man Lamneks Definition von ›Normen‹, können unterschiedliche kulturdimensionale Ausrichtungen (▶ Kap. 2.3) gewissermaßen auch als soziokulturelle Normen gesehen und interpretiert werden. Gilt eine Kultur beispielsweise eher als individualistisch, sind ihr Autonomie, Selbstständigkeit, Selbstverwirklichung und idiozentrische Denkweisen wichtig, was sich auch in ihrem Werte- und Normengefüge widerspiegelt und für soziale Interaktionen als Verhaltenserwartungen oder Kriterien zur Verhaltensbeurteilung anderer etabliert. Personen aus kollektivistischen Kulturkreisen, die über konträre Werte und Normen verfügen, werden in interkulturellen Situationen, z. B. bei einem Wechsel in eine individualistische Kultur, in ihrem Verhalten an den Normen dieses Kulturkreises gemessen und weichen dementsprechend ab. Für Menschen mit Migrationshintergrund ist es daher besonders schwierig, die entsprechenden soziokulturellen Normen zu verinnerlichen, da sie zwar von der Mehrheit der Gesellschaft geteilt, allerdings im Gegensatz zu den expliziten Normen, wie sie in Gesetzen zu finden sind, nicht immer offensichtlich oder in schriftlicher Form zu finden sind. Hier müssen durch intensives Beobachten der neuen Kultur und Austausch mit Personen aus dieser durch einen bewussten Lernprozess die Normen erst erkannt, erlernt und verinnerlicht werden, damit sie erfolgreich angewandt und umgesetzt werden können.

Im Kontrast dazu stehen implizite oder individuelle Normen, die als persönlicher Verhaltensmaßstab für einzelne Personen Gültigkeit haben. In der Bewertung und Beurteilung des Verhaltens anderer werden dennoch häufig auch diese impliziten Normen als Maßstab genommen, was zwangsläufig zu Missverständnissen oder Konflikten führt, wenn unterschiedliche Verhaltensforderungen und -standards gelten oder wenn eine Person nicht um die impliziten Normen ihres Interaktionspartners weiß. Ergänzend dazu existieren z. B. statistische Normen, die nach der Frequenz des Auftretens beurteilen. Danach ist ›normal‹, was am häufigsten auftritt (ausgehend vom Erfahrungskontext der die Norm anwendenden Personen) (vgl. Seitz/Stein 2010, 920). Kulturbedingtes Verhalten, das selten oder vereinzelt vorkommt, wird als ›auffällig‹ wahrgenommen, weil die Mehrheit sich anders verhält und es dadurch von der Norm abweicht.

Werte hingegen können mit Schwartz & Bilsky definiert werden »als individuelle Vorstellung zu einem situationsübergreifenden Ziel (terminal oder instrumental), welches die verschiedenen Interessen (individuelle, gesellschaftliche oder beide) zum Ausdruck bringt« (Schwartz/Bilsky 1987, zit. n. Genkova 2003, 55). Eine ergänzende Definition des Terminus ›Werte‹ liefert Schäfers:

»In den Werten müssen die allgemeinsten Grundprinzipien der Handlungsorientierung und der Ausführung bestimmter Handlungen gesehen werden; sie sind Vorstellungen vom Wünschenswerten, kulturelle und religiöse, ethische und soziale Leitbilder, die über den Tag und die eigene Gesellschaft hinausweisen, die die gegebene Handlungssituation transzendieren. Die in einer Gesellschaft vorherrschenden Wertorientierungen sind das Grundgerüst der Kultur. [...] Werte sind die ›ethischen Imperative‹, die das Handeln der Menschen leiten; sie sind Ausdruck dafür, welcher Sinn und Zweck einzelne und Gruppen mit ihrem Handeln verbinden.« (Schäfers 1992, 31)

Mit Allport können sechs Arten von Werten – systematisiert nach ihrer inhaltlichen Ausrichtung – differenziert werden:

1. »Theoretische Werte – hohe Bedeutsamkeit der Wahrheit im ethischen oder rationalen Sinne;
2. Wirtschaftliche Werte – es wird Akzent auf nützliches und pragmatisches Verhalten gelegt;
3. Ästhetische Werte – Bedeutung der Form und der Harmonie;
4. Soziale Werte – Das Wichtigste ist die Liebe zwischen den Menschen;
5. Politische Werte – das Interesse ist auf den Erwerb von Macht und Einfluß gerichtet;
6. Religiöse Werte – Erfahrung und Weltanschauung.«
(Allport 1951, zit. n. Genkova 2003, 52)

Diese Differenzierung ist aufgrund des Bezugs zu vielen Teilaspekten von Kultur an dieser Stelle besonders erwähnenswert.

4.3.2 Gültigkeit und Wirkung kultureller Normen

(Sozio-)Kulturelle Normen besitzen für die Mehrheit der Mitglieder einer Gruppe oder Gesellschaft Gültig- und Verbindlichkeit und können somit auch verstanden werden als ›kleinster gemeinsamer Nenner‹, der Personen verbindet, an dem sie sich orientieren und von anderen abgrenzen können.

Gültigkeit von Normen

Erst durch die Gültigkeit der Normen und ihrer Anwendung wird eine Wirkung erzielt, da es zur Wahrnehmung, Einordnung und Beurteilung des Verhaltens von Personen anhand der Norm kommt. Bei negativer Normabweichung folgen entsprechend auch Konsequenzen und Sanktionen. Wird demnach Verhalten als ›negativ‹ von der soziokulturellen Norm abweichend beurteilt, wäre eine denkbare Folge die Sanktionierung dieser Abweichung, d. h. beim Verstoß gegen soziokulturelle oder explizite Normen muss die Person mit Bestrafung oder im sozialen Kontext ggf. auch mit Ausschluss aus der Gruppe oder Gemeinschaft rechnen. Hinsichtlich der Gültigkeit von Normen ergibt sich für Lamnek folgendes Dilemma:

> »Einerseits müssen Normen auf Dauerhaftigkeit ausgerichtet sein um Verhaltenssicherheit zu gewährleisten, andererseits kann gerade das permanente Festhalten an der Norm zu zunehmender Verhaltensunsicherheit führen. [...] Der Wandel von Situation und Motivation in Zusammenhang mit der zeitlichen Überdauerung der Norm vermindert den Wirkungsgrad einer Norm und stellt die Gültigkeit der Norm in Frage.« (Lamnek 1996, 37)

Inter- und intrakulturelle Variabilität bzw. Flexibilität von Normen

Lamnek differenziert kulturelle Normen in interkulturelle und intrakulturelle und geht hinsichtlich der ersten Gruppe von einer gewissen Variabilität aus, bei der zweiten von einer Flexibilität der Normen (vgl. ebd., 31 ff.): Normen müssten hinsichtlich ihrer interkulturellen Bedeutung als kulturspezifisch und relativ gesehen werden bzgl. ihrer Gültigkeit und ihrer inhaltlichen Ausrichtung. Ferner müssten sie hinsichtlich ihrer intrakulturellen Flexibilität als wandlungsfähig und an die gesellschaftlichen Bedingungen adaptierbar, als variabel und situationsspezifisch gesehen werden sowie hinsichtlich des Adressatenkreises und dementsprechenden Ausprägungsgrades unterschiedliche Gültigkeit besitzen (vgl. ebd., 31 ff.).

Subjektivität und Relativität der Wahrnehmungs- und Beurteilungsperspektive

Seitz & Stein kommen – unabhängig vom kulturellen Bezug – allgemein zu folgender Schlussfolgerung: »Gemäß des unterschiedlichen Bedeutungsgehalts verschiedener normativer Kriterien kann das gleiche Verhalten oder Erleben bei Anwendung verschiedener normativer Kriterien unterschiedlich bewertet werden« (Seitz/Stein 2010, 920). Der situative Kontext ist also ebenfalls entscheidend. In interkulturellen Begegnungen ergibt sich nun die besondere Herausforderung, dass die eigenen kulturellen, normativen Maßstäbe unter Umständen durch andere (sozio-)kulturelle Werte und Normen kontrastiert werden. Aus unserer eigenen ethnozentrischen Perspektive heraus werden Verhaltensweisen von Personen aus anderen Kulturen anhand unserer normativen Maßstäbe wahrgenommen, beurteilt und bewertet. Hierbei wird jedoch nicht immer auf den dem Verhalten der fremden Personen zugrundeliegenden, normativen Hintergrund geachtet. Personen, die sich anders verhalten, fallen daher als ›von der Norm abweichend‹ und meist negativ auf, werden dementsprechend bewertet und beurteilt. Auch gleiche Verhaltensweisen der Personen aus anderen Kulturen können unterschiedliche Hintergründe, Motive, Einstellungen, Normen und Werte zugrunde liegen haben, jedoch wird ihr Verhalten zumeist aus der eigenen kulturellen Perspektive und deren immanenten Normengefüge beurteilt. Auch Lamnek verweist darauf, dass »gleiches Verhalten […] im Lichte divergierender Normen offenkundig unterschiedlich interpretiert« wird (Lamnek 1996, 31). Diese Aussage besitzt natürlich auch Gültigkeit für kulturspezifische oder soziokulturelle Normen als konkrete Kategorien derselben. Dementsprechend resultiere daraus aber auch eine »kulturspezifische Relativität (um nicht zu sagen: Beliebigkeit) der Normsetzung und der inhaltlichen Ausgestaltung der Norm« (ebd., 31). Ferner besitzen Normen als Verhaltensforderungen für ihn einen gewissen kulturbedingten Relativismus (vgl. ebd. 32), d. h. es könnten unterschiedliche (kulturelle) Normen parallel Gültigkeit und Anwendung finden in einer Situation oder einem Sachverhalt. Jede Norm könne daher als für das soziale System funktional gesehen werden und nicht jede Normabweichung stelle negatives oder dysfunktionales Verhalten dar, sondern ergebe Sinn (vgl. ebd., 33).

Dieser Sichtweise folgend können damit auch kulturbedingt auffällige Verhaltensweisen als funktional und im ihnen zugrundeliegenden kulturellen Normensystem als sinnvoll betrachtet werden – somit wäre ein Erklärungs- und Legitimationsansatz geschaffen, der kulturbedingtes Verhalten als weniger ›auffällig‹, sondern als normal und berechtigt beschreibt.

4.4 Interkulturelle Konflikte

Als interkulturelle Konflikte können vorläufig auftretende Missverständnisse, Unstimmigkeiten und Konflikte verstanden werden, die in einer interkulturellen Situation bei Sozialkontakten zwischen Personen unterschiedlicher kultureller Hintergründe entstehen und die zugleich durch interkulturelle Interaktionen bedingt sind. Man kann lediglich von interkulturellen Konflikten sprechen, wenn das zentrale Konfliktthema durch den kulturellen Unterschied bedingt ist, wie Abbildung 10 verdeutlicht. In den meisten Fällen entlarven sich scheinbar offensichtlich interkulturelle Konflikte zwischen zwei oder mehr Konfliktparteien aus unterschiedlichen Kulturen als gewöhnliche interpersonelle Konflikte, da die Kulturunterschiede nicht den Konfliktauslöser oder das Konfliktthema darstellen.

4.4 Interkulturelle Konflikte

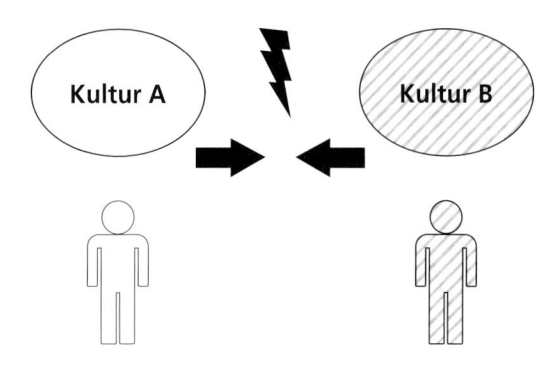

Abb. 10: Interkulturelle Konflikte

Auch dieser Bereich auffälligen Verhaltens im interkulturellen Kontext soll kurz an einem einfachen, alltäglich auftretenden Beispiel von Nieke verdeutlicht werden:

> »Eine Lehrerin möchte eine türkische Schülerin, die überdurchschnittlich leistungsfähig und motiviert ist, auf eine weiterführende Schule überweisen. Die Schülerin entgegnet jedoch auf diesen Vorschlag: ›Das geht nicht. Nächstes Jahr kehren wir in die Türkei zurück.‹ Darin möchte die Lehrerin jedoch keinen Hindernisgrund für die im staatlichen Unterrichtsauftrag gebotene höchstmögliche Entfaltung der Schülerpersönlichkeit sehen und sucht nach Wegen, diesen Konflikt zu lösen.« (Nieke 2008, 241)

Der Unterschied zwischen kulturbedingt auffälligem Verhalten und den hier dargestellten interkulturellen Konflikten lässt sich folgendermaßen verdeutlichen: Während kulturbedingt auffälliges Verhalten häufig Ursache, d. h. der Anlass oder Auslöser ist, sind interkulturelle Konflikte der daraus resultierende Eskalationsprozess und die Folgeerscheinung des Verhaltens.

Nachfolgend sollen kurz ausgewählte interkulturelle Konflikttypen dargestellt werden, die insbesondere zu Auffälligkeiten im kulturellen Kontext führen und vor allem in Kapitel 8 ausführlich thematisiert werden. An dieser Stelle seien nur zwei Konflikte exemplarisch hervorgehoben.

4 Auffälliges Verhalten im kulturellen Kontext

Innerpsychische, interkulturelle Konflikte können als Identitätskonflikte bi- oder multikulturell sozialisierter Personen verstanden werden, die unterschiedliche Werte sowie Normen in sich harmonisch vereinen und im Idealfall zu einer stimmigen, hybriden Identität entwickeln müssen, wobei Wertediskrepanzen oder -unvereinbarkeit belastende Konfliktauslöser sind (vgl. Hein 2006; Riegel/Geisen 2007; Schramkowski 2009). Das soziale Umfeld zeigt sich – je nach eigener kultureller Ausrichtung und Offenheit – unterschiedlich stark akzeptierend und wertschätzend (vgl. dazu Schramkowski 2009).

Interpersonale, interkulturelle Konflikte basieren häufig auf Norm- und Wertediskrepanzen, die in sozialen Situationen zwischen mindestens zwei Parteien bestehen, zwei sozialen Interaktionspartnern. Sie können innerhalb eines sozialen Systems (z. B. der Familie, dem Freundeskreis) oder systemübergreifend auftreten. Im familiären Kontext beispielsweise kommen bei Familien mit Migrationshintergrund aufgrund der divergenten Migrationsgeschichten der Familienmitglieder (eigene Migrationserfahrung der Einwanderergeneration, unterschiedliche Integrationsformen der Nachfolgegenerationen, unterschiedliche Bezugspunkte zur Herkunfts- wie zur Aufnahmekultur) und der daraus resultierenden Komplexität bikultureller Identitätsentwürfe und Integrationsvorstellungen innerhalb einer Familie noch eine transgenerative Dimension der Konflikte hinzu. Im Freundes- und Bekanntenkreis, der Schule oder dem Arbeitsumfeld resultieren interkulturelle Konflikte z. b. aus kulturbedingt auffälligem Verhalten, was von den Interaktionspartnern unterschiedlich stark als Konfliktauslöser wahrgenommen werden kann. Im Zuge des Konformitätsdrucks der Gruppe der Mehrheitskultur beispielsweise, von der das immer wieder auftretende kulturbedingte Verhalten als ›auffällig‹ wahrgenommen wird, teilweise auch als Provokation interpretiert wird, kann es zu einem Streitthema eskalieren. Andere Konfliktauslöser können unterschiedlich verteilte Ressourcen, Machtunterschiede sowie auf Rassismus und Fremdenfeindlichkeit, Vorurteilen und Stereotypen basierende ideologische Unterschiede, divergente soziale Rollen und Zugehörigkeiten sowie interkulturelle Missverständnisse durch Sprach- und Verständnisschwierigkeiten sein.

4.5 Ethnozentrismus und gesellschaftliche Probleme

Um den Themenkomplex auffälligen Verhaltens im kulturellen Kontext zu vervollständigen, wird abschließend der Bereich des Ethnozentrismus und dessen Folgen umrissen. Hierunter können – insbesondere negative – Beurteilungen und Bewertungen einer fremden Kultur mit Werten und Maßstäben der eigenen Kultur verstanden werden sowie ferner auch gesamtgesellschaftliche Probleme mit besonderer Benachteiligung von Menschen anderer Kulturen bzw. mit Migrationshintergrund. Ethnozentrismus kann dementsprechend definiert werden als die »unbewusste Tendenz, andere Völker aus der Sicht der eigenen Gruppe zu betrachten und die eigenen Sitten und Normen zum Standard aller Beurteilungen zu machen [. ...] Man stellt sich hierbei selbst, [die eigene] rassische, ethnische oder soziale Gruppe, in den Mittelpunkt des Universums und stuft alle anderen dementsprechend ein« (Porter & Samovar 1976, 10, übersetzt von Maletzke 1996, 23, zit. n. Klinge 2007, 14).

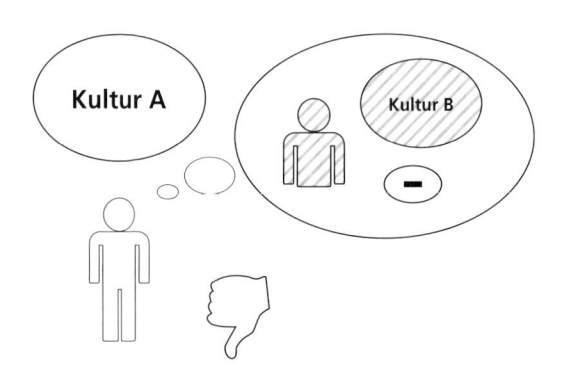

Abb. 11: Ethnozentrismus und seine Auswirkungen

4 Auffälliges Verhalten im kulturellen Kontext

Wie Abbildung 11 verdeutlicht, geht es um die gedankliche Perspektive einer Person A aus Kultur A, die Person B und deren kulturbedingtes Verhalten (Kultur B entsprechend) – nach den Normen der Kultur A – meist als ›negativ‹, ›fremd‹ oder ›falsch‹ wahrnimmt und daraufhin mit negativer Beurteilung, Distanz oder ähnlichem Verhalten reagiert. Person A fehlt es in diesem Fall aufgrund ihres dominanten Blickes durch die ›eigene kulturelle Brille‹ an Einfühlungsvermögen und Perspektivübernahme für die Situation, Motive, Einstellungen und Bedürfnisse der Person aus Kultur B.

Ergänzend hebt auch Mintzel »die Höherbewertung der Kultur, der man selbst angehört und die Minderbewertung einer anderen bzw. fremden Kultur [hervor]« (Mintzel 1997, 120). Er fügt jedoch hinzu, dass »Ethnozentrismus […] sich nicht notwenigerweise [sic!] nur gegen fremde Kulturen wenden [muss], sondern kann auch im Rahmen eines kulturellen Pluralismus in den Beziehungen zu anderen kulturell nahestehenden Ethnien auftreten […]« (ebd., 121). Somit ist Ethnozentrismus klar durch den Aspekt fehlender Bewusstheit von Rassismus und Fremdenfeindlichkeit – bis hin zum Extremismus – abzugrenzen, weil diese bewusste und intentionale Akte darstellen. Fremdenfeindlichkeit kann beispielsweise mit Heitmeyer als Konglomerat verschiedener Phänomene wie Fremdheitsgefühlen, Fremdenangst bis hin zum Fremdenhass verstanden werden (vgl. Heitmeyer 1994, 30 ff., zit. n. Mintzel 1997, 193 ff.). Auch Mintzel charakterisiert »Fremdheitsgefühle gegenüber anderen« als »ein gesellschaftliches Massenphänomen, das sich in der Regel in einer Haltung der Distanz ausdrückt. In ihr liegen Toleranz und Abwertung, die über Stereotypen und Vorurteile zutage tritt, eng beieinander« (Mintzel 1997, 193).

Ethnozentrismus kann sich – wie bereits erwähnt – auch gegen als ›ähnlich‹ oder ›weniger fremd‹ gerichtete Kulturkreise (z. B. ähnliche Ausrichtungen der Kulturdimensionen) richten oder aber in pluralistischen Gesellschaften die Dominanz beispielsweise der Mehrheitskultur gegenüber Minderheiten darstellen. Jedoch ergeben sich auch aus der ethnozentrischen Perspektive Probleme und Konflikte für Menschen aus anderen Kulturen, da sie häufig benachteiligt und

4.5 Ethnozentrismus und gesellschaftliche Probleme

nicht als gleichwertige Sozialpartner und gesellschaftliche Mitglieder wahrgenommen werden. Exemplarisch sei hier auf die seit Jahren in der Öffentlichkeit und den Medien existierende Dominanz- oder Leitkultur-Debatte verwiesen. Gewissermaßen könnte es sich hier um einen ethnozentrisch bedingten Benachteiligungs- und Diskriminierungsprozess gegenüber Minderheiten handeln, wenn soziale, ethnische oder kulturelle Minderheiten gesellschaftlich andere Rollen und Partizipationsmöglichkeiten haben aufgrund ihres Status als Minderheit.

Bewusstsein für ethnozentrisches Denken und Selbstreflexion zu fördern, ist sicherlich der unmittelbare Weg, diesem Prozess und der Eskalation ethnozentrisch bedingter Konflikte präventiv entgegenzuwirken. Hier müsste der sog. »Pädagogische Multikulturalismus« (Radtke 1993, 81, zit. n. Mintzel 1997, 65) ansetzen, dessen allgemeine Zielsetzungen nach Mintzel lauten:

- »[Er] richtet sich gegen jede Form des Rassismus; Abbau von rassistischer Diskriminierung
- propagiert und unterstützt institutionell interkulturelle Kommunikation und Interaktion (vom Nebeneinander zum Miteinander)
- plädiert für die Gleichwertigkeit unterschiedlicher ethnischer Kulturen unter einem gemeinsamen staatlichen Dach
- propagiert und unterstützt interkulturelles Lernen im Sinne von Akkulturationsprozessen (pluralistische, interaktive Assimilation, sanfte Form der Integration)
- propagiert Bürgertugenden wie Toleranz, Respekt vor anderen kulturellen Mustern
- plädiert für eine Bürgergesellschaft, in der Ethnien unterschiedlicher Herkunft einen gleichberechtigten Platz haben
- propagiert und unterstützt multikulturelle Erziehung.« (Mintzel 1997, 65)

5

Interkulturelle Kompetenz

Interkulturelle Kompetenz zeigt sich in der Fähigkeit, mit Menschen aus anderen Kulturen situationsadäquat und zielführend zu kommunizieren, kulturgebundene Wert- und Orientierungssysteme wahrzunehmen, fremde Denk- und Verhaltensweisen zu verstehen, das eigene Verhaltensrepertoire zu erweitern und die Selbst- und Fremdwahrnehmung zu schärfen. Dieser lebenslange Lernprozess kann vermutlich nie vollkommen abgeschlossen, lediglich stetig durch soziale Interaktionen weiterentwickelt und selbstkritisch reflektiert werden. Da es sich beim Erwerb interkultureller Fähigkeiten und Kompetenzen um mehr als einen Wissenserwerb, d. h. die Einnahme einer Metaebene handelt, muss dieser Lernprozess praktisch erfahr- und vor allem erlebbar sein, benötigt intrinsische Motivation und Bereitschaft sowie externe Unterstützung durch das soziale Umfeld. Er ließe sich demnach in folgende sich ausbildende Teilkompetenzen differenzieren, die nicht isoliert voneinander, sondern als sich weiterentwickelnde Phasen betrachtet werden sollen.

Erstens bedarf es einer ausgeprägten *Wahrnehmungskompetenz*, der Sensitivität für sich selbst, andere Personen und Situationen sowie einer daraus resultierenden Situationseinschätzung und -beurteilung. Zweitens kommt aufbauend die ›*Erkennens*‹- *und Erkenntniskompetenz* hinzu, die einem die Bedeutung von interkulturellen Situationen erkennen und korrekt einordnen lässt. Daraus resultiert dann drittens eine *Verständnis- und Interpretationskompetenz*, d. h. die ›Lese‹- und Interpretationsfähigkeit von Situationen und Interaktionen in interkulturellen Situationen. Erst daran anschließend ergibt sich das weite Spektrum der *Handlungskompetenz*, das über reine Performanz hinausgeht zu tatsächlicher Kompetenz und als zielgerichtetes, erwartungsgesteuertes, geplantes, interaktives Verhalten zwischen mindestens zwei Personen, das zielerreichend, also erfolgreich und zur beiderseitigen Zufriedenheit verläuft, interpretiert werden kann. Abschließend ist die Phase der *Reflexionskompetenz*, d. h. eigenes Verhalten in interkulturellen Situationen zu durch- und überdenken, zu hinterfragen und weiterzuentwickeln, unerlässlich für Erwerb und Weiterentwicklung Interkultureller Kompetenzen.

Auf dieser eigenen, prozessorientierten Systematik sollen nun überblicksartig ausgewählte Konzepte und Definitionen Interkultureller Kompetenz kurz vorgestellt werden, um das dahinter liegende Konstrukt besser begreiflich zu machen und zudem die Heterogenität und unterschiedlichen Fokusse zu diesem Thema aufzuzeigen.

5.1 Interkulturelle Kompetenz nach Erll und Gymnich

Erll & Gymnich (vgl. 2007), beides Literatur- und Kulturwissenschaftlerinnen, differenzieren Interkulturelle Kompetenz in drei

5 Interkulturelle Kompetenz

Komponenten: *affektive, kognitive* und *pragmatisch-kommunikative Kompetenz*. Unter erstgenannte fallen »Interesse und Aufgeschlossenheit gegenüber anderen Kulturen, Empathie und Fähigkeit des Fremdverstehens« sowie die »Ambiguitätstoleranz« als das Aushalten-Können des Verschiedenseins (ebd., 12 f.). Das Segment der kognitiven Teilkompetenz umfasst »Wissen über andere Kulturen (kultur- bzw. länderspezifisches Wissen)«, »[k]ulturtheoretisches Wissen (Wissen über die Funktionsweisen von Kulturen, kulturelle Unterschiede und deren Implikationen)« sowie die Fähigkeit zur »Selbstreflexivität« (ebd., 11 f.). Die Komponente der pragmatisch-kommunikativen Kompetenz beinhaltet den »Einsatz geeigneter kommunikativer Muster« sowie den »Einsatz wirkungsvoller Konfliktlösungsstrategien« (ebd., 13 f.).

Interkulturelle Kompetenzen		
Kognitive Kompetenz	Affektive Kompetenz	Pragmatisch-kommunikative Kompetenz
• Wissen über andere Kulturen • kulturtheorethisches Wissen • Selbstreflexivität	• Interesse an und Aufgeschlossenheit gegenüber anderen Kulturen • Empathie und Toleranz • Fremdverstehen • Ambiguitätstoleranz	• Einsatz geeigneter kommunikativer Muster • Einsatz wirkungsvoller konfliktlösungs-strategien

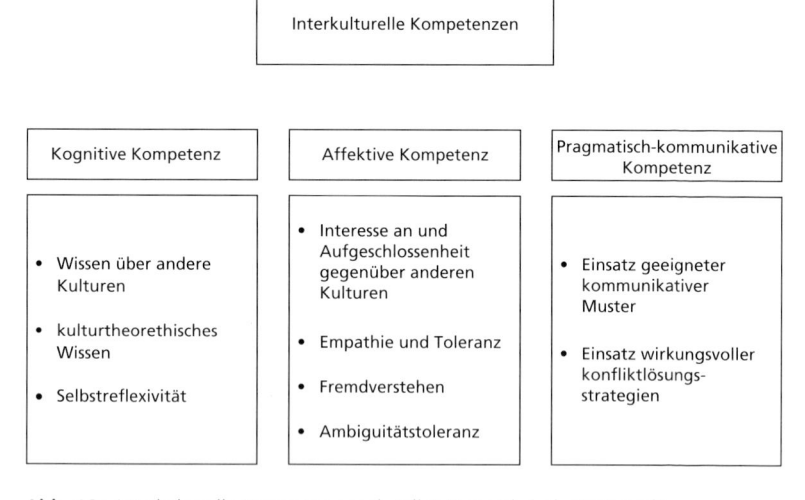

Abb. 12: Interkulturelle Kompetenz nach Erll & Gymnich (vgl. 2007, 11 f.)

Dieses Konzept ist in seiner klaren Struktur und Reduktion auf die zentralen Elemente insbesondere als Einstiegsmodell in den Themenbereich, der ersten Auseinandersetzung mit dem Thema ›Interkulturelle Kompetenz‹, geeignet. Durch die Differenzierung in unterschiedliche Teilkompetenzen kann insbesondere bei der Förderung dieser je nach persönlichen Interessen und bereits vorliegenden Fähigkeiten ein klarer Fokus gelegt werden. So kann beispielsweise gezielt und isoliert an affektiven Fähigkeiten wie der Empathie, dem Fremdverstehen oder der Ambiguitätstoleranz gearbeitet werden, wenn es einer Person im interkulturellen Handeln schwerfällt, sich in die emotionale Situation von Menschen aus anderen Kulturen einzufühlen und deren Perspektive zu übernehmen. An anderer Stelle bringt eine Person bereits Kommunikationsfähigkeit, Fremdsprachenkenntnisse und Wissen über andere Kulturen mit, z. B. aus formalen Bildungsprozessen wie erlernten Fremdsprachen in der Schule, Landeskundeunterricht oder ein Fremdsprachenstudium. Der Person fehlt es aber beispielsweise an der selbstreflektierten Auseinandersetzung mit der eigenen Kultur und dem eigenen kulturellen Handeln. Auch in diesem Fall bietet das Modell durch die Teilkompetenzstruktur direkt ableitbare Möglichkeiten der Förderung. Nicht zuletzt dadurch werden Elemente des Modells von Erll & Gymnich im Kapitel zur Förderung Interkultureller Kompetenzen (▶ Kap. 6) erneut aufgegriffen.

5.2 Interkulturelle Kompetenz nach Bolten

Bolten (vgl. 2006, 163 ff.) versteht Interkulturelle Kompetenz als Kommunikations- und Handlungsfähigkeit in kulturellen Überschneidungssituationen, im fremd- bzw. interkulturellen Feld. Sein Konzept Interkultureller Kompetenz besteht – im Vergleich zum vorher ausgeführten – aus vier Teilkompetenzen (vgl. Bolten 2006; 2007), die er in *Fachkompetenz, Strategische Kompetenz, Soziale Kompetenz* und *Individuelle Kompetenz* unterteilt. Als Fachkompetenz zählen z. B. internationale Berufserfahrung, Marktkenntnisse, Fachkenntnisse, d. h. es geht hier stark um Fähigkeiten und Kenntnisse, die in formalen Bildungsprozessen erworben wurden und eher berufsbezogen sind. Als

Strategische Kompetenz bezeichnet Bolten (vgl. 2007, 86) z. B. Wissensmanagement, Organisationsfähigkeit, Synergiedenken, Problemlösungsfähigkeit, die grundsätzlich auch außerhalb des interkulturellen Kontextes von Bedeutung sind, unter der interkulturellen Perspektive hingegen eine neue Komplexität erhalten. Die dritte Teilkomponente der Sozialen Kompetenz umfasst z. B. Teamfähigkeit, Empathie, Toleranz, Führungsstärke etc. Die vierte und letzte Teilkompetenz fokussiert mit z. B. Eigenmotivation, Rollendistanz, Selbstkritik, Lernbereitschaft etc. individuelle Kompetenzen. Auch bei den beiden letztgenannten Bereichen handelt es sich streng genommen um allgemeine Soft Skills, die generell im Alltag, Privat- und Berufsleben von zentraler Bedeutung sind, aber unter interkultureller Perspektive in ihrer Anwendung noch komplexer werden.

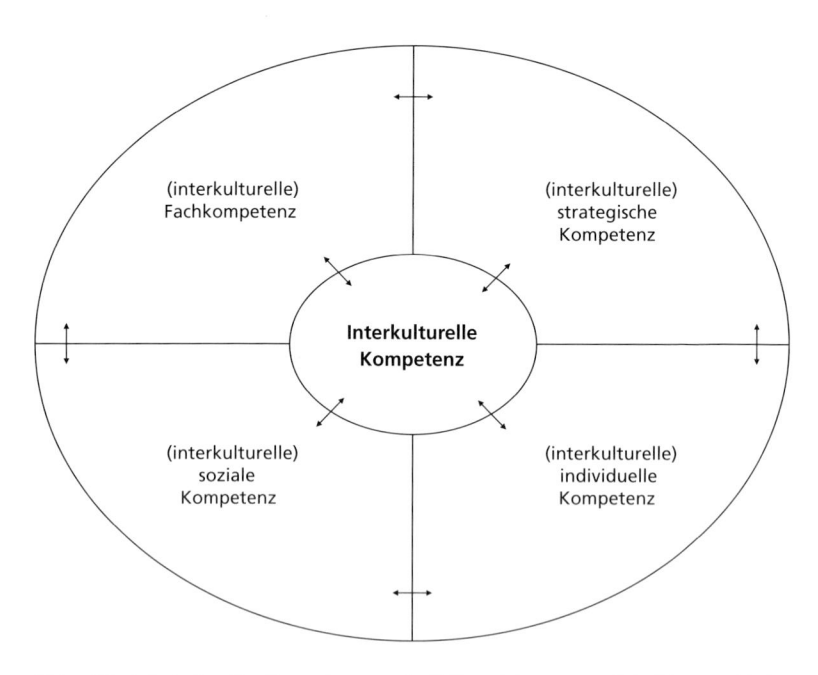

Abb. 13: Interkulturelle Kompetenz nach Bolten (eigene, vereinfachte graphische Darstellung, vgl. 2007, 86)

Boltens Konzept ist differenzierter als das von Erll & Gymnich, allerdings wesentlich stärker auf interkulturelle Trainings für Erwachsene und die Wirtschaft ausgerichtet als das alters- und zielgruppenunabhängige Konzept von Erll & Gymnich. Zur Förderung Interkultureller Kompetenz bei Kindern und Jugendlichen muss daher das Konzept von Bolten auf altersgerechte Fähigkeiten und Teilkompetenzen adaptiert werden.

5.3 Interkulturelle Kompetenz nach Thomas

Um eine dritte Perspektive auf Interkulturelle Kompetenz einzubringen, wird die der interkulturellen Psychologie nach Thomas vorgestellt:

»Interkulturelle Kompetenz zeigt sich in der Fähigkeit, kulturelle Bedingungen und Einflussfaktoren in Wahrnehmen, Urteilen, Empfinden und Handeln bei sich selbst und bei anderen Personen zu erfassen, zu respektieren, zu würdigen und produktiv zu nutzen im Sinne einer wechselseitigen Anpassung, von Toleranz gegenüber Inkompatibilitäten und einer Entwicklung hin zu synergieträchtigen Formen der Zusammenarbeit, des Zusammenlebens und handlungswirksamer Orientierungsmuster in Bezug auf Weltinterpretationen und Weltgestaltung. Interkulturelle Kompetenz ist das Resultat eines Entwicklungs- resp. Lernprozesses, in dem Persönlichkeitsmerkmale und situative Kontextbedingungen so ineinander verschränkt sind, dass dann, wenn Menschen aus unterschiedlichen Kulturen einander begegnen und füreinander bedeutsam werden und dabei eine von gegenseitigem Verständnis getragene Kommunikation und Kooperation möglich wird, die für beide Partner zur optimalen Zielerreichung und zu einem zufriedenstellenden Interaktionsprozess führt.« (Thomas 2003, zit. n. ders. o. J., 6)

Die psychologische Perspektive, die unter anderem Thomas hier vertritt, sieht Interkulturelle Kompetenz weniger als Modell mit verschiedenen Teilkompetenzen, was eher dem personalistischen Modell entspricht, sondern interaktionistisch-situativ, d. h. als Interaktionsprozess zwischen Person und Umwelt, Person und Situation

5 Interkulturelle Kompetenz

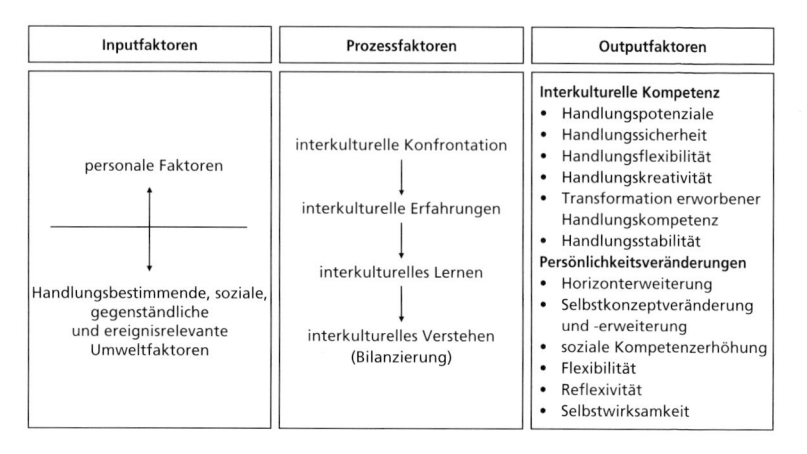

Inputfaktoren	Prozessfaktoren	Outputfaktoren
personale Faktoren ↕ Handlungsbestimmende, soziale, gegenständliche und ereignisrelevante Umweltfaktoren	interkulturelle Konfrontation ↓ interkulturelle Erfahrungen ↓ interkulturelles Lernen ↓ interkulturelles Verstehen (Bilanzierung)	**Interkulturelle Kompetenz** • Handlungspotenziale • Handlungssicherheit • Handlungsflexibilität • Handlungskreativität • Transformation erworbener Handlungskompetenz • Handlungsstabilität **Persönlichkeitsveränderungen** • Horizonterweiterung • Selbstkonzeptveränderung und -erweiterung • soziale Kompetenzerhöhung • Flexibilität • Reflexivität • Selbstwirksamkeit

Abb. 14: Interkulturelle Kompetenz nach Thomas (o. J., 13)

(▶ Abb. 14). Kontrastierend sollen die beiden Perspektiven unter Bezugnahme auf Thomas kurz vorgestellt werden.

Die personalistische Perspektive lässt sich skizzieren als entstandenes Profil der Offenheit für, des Interesses an sowie der Fähigkeit, vertrauensvolle Beziehungen zu anderen aufzubauen. Ergänzend neben reflexiven, sozialen Fähigkeiten kommen auch persönliche, affektive und professionelle hinzu (vgl. Kealey/Ruben 1983, 165, zit. n. Thomas o. J., 5; übersetzt v. Verf.).

Den Vertretern interaktionistischer, situativer Ansätze erscheint die personorientierte Perspektive als zu kurz gedacht und wird daher um Situationsvariablen erweitert. Mit dieser neuen Perspektive ließe sich Interkulturelle Kompetenz z. B. mit Furnham & Bochner weniger als Wesenszug oder erlernte Fähigkeiten, sondern als sozialer Interaktionsprozess und somit als gemeinsam stattfindende, organisierte, kompetente Handlung basierend auf einem geteilten, kulturellen Fundament definieren (vgl. Furnham/Bochner 1986, 217, zit. n. Thomas o. J., 6; übersetzt v. Verf.).

Dieses interaktionistisch-situative Verständnis Interkultureller Kompetenz stellt einen deutlichen Mehrwert zu den unter Kapitel 5.1 und 5.2 eher personalistisch orientierten Modellen dar und ist

5.3 Interkulturelle Kompetenz nach Thomas

daher unerlässlich für die diesem Buch zugrundeliegende Thematik der Förderung bei kulturellen Differenzen, da dies eine von Grund auf situative und interaktionistische Thematik darstellt und vor allem von Verantwortlichkeitszuweisungen Abstand nimmt (▶ Kap. 4).

Ein zweites Argument, weswegen die psychologische Perspektive für die Thematik wichtig ist, ist ein deutlicher Verweis darauf, dass es sich beim Erwerb interkultureller Fähigkeiten um einen langfristigen Lernprozess handelt (vgl. Thomas o. J., 6), der von interkulturellen Konfrontationen und Erfahrungen über interkulturelles Lernen hin zum interkulturellen Verstehen führt (▶ Abb. 14): »Interkulturelle Kompetenz als Potenzial und interkulturelle Performanz als gekonntes Handeln in kulturellen Überschneidungssituationen entstehen also erst im Verlauf mehrerer aufeinander aufbauender Entwicklungsphasen lernorientierten Handelns« (Thomas o. J., 7).

Interkulturelle Kompetenz muss daher verstanden werden – aus personorientierter Sicht – als Voraussetzung interkultureller Fähigkeiten und Fertigkeiten, die eine Person mitbringt, und zugleich vor allem als Prozess der Aneignung und Weiterentwicklung dieser Fähigkeiten in einem interkulturellen (lebenslangen) Lernprozess, dessen Ergebnis dann tatsächliche gefestigte Interkulturelle Handlungskompetenz darstellt.

6

Allgemeine Ansatzpunkte zur Förderung Interkultureller Kompetenz bei Kindern und Jugendlichen

Die dem theoriebasierten Teil des Buches nun folgenden Ausführungen fokussieren klar – auf Basis des bisherigen Wissensfundamentes – aufbauende Überlegungen zur Förderung bei oder trotz kultureller Differenzen sowie zur Etablierung Interkultureller Kompetenz, quasi als Primärprävention. Wie konkret dies gelingen kann, wird im nachfolgenden Teil anhand von ausgewählten Ansätzen, Methoden oder Beispielen herausgearbeitet. Zu Beginn ist es jedoch erforderlich, allgemeine Ansatzpunkte zur Förderung Interkultureller Kompetenz bei Kindern und Jugendlichen zu finden bzw. zu entwickeln, um sich dann konkreter damit auseinanderzusetzen.

6.1 Definition von Förderung allgemein und im kulturellen Kontext

Eingangs soll der Terminus ›Förderung‹ allgemein und anschließend im kulturellen Kontext betrachtet und bestimmt werden, um nachfolgend auf interkulturelle Lernprozesse und konkrete Ansatzpunkte interkultureller Förderung einzugehen. Mit Schuck kann ›Förderung‹ klassisch folgendermaßen definiert werden:

> »Der *Begriff der pädagogischen Förderung* bezeichnet pädagogische Handlungen bzw. Qualitäten, die gemäß eines impliziten oder expliziten Förderkonzepts auf die Anregung und Begleitung einer an Bildungszielen orientierten, für wertvoll gehaltenen Veränderung individueller Handlungsmöglichkeiten von Menschen in ihren Lebensgemeinschaften und an den sozialen Folgen von Benachteiligungen und Behinderungen ausgerichtet sind.« (Schuck 2006, 84; Anm.: Hervorhebung im Original)

Hussy et al. gehen ergänzend vom Konzept der Förderung als Beeinflussung und Veränderung aus: »Bei dieser Zielsetzung strebt man einen höheren, besseren Zustand an, ohne dass der Ausgangszustand als problematisch gilt« (Hussy et al. 2010, 18). Fischer et al. richten in ihrer allgemeinen Definition den Fokus noch stärker auf die zu betrachtende Zielgruppe: »Unter Förderung wird allgemein die gezielte Unterstützung von Personen verstanden. Bezogen auf den Nachwuchs […] dient Förderung vor allem der Entfaltung von Begabungen und der Entwicklung der Persönlichkeit. In der Regel wendet sich Förderung mit speziellen Maßnahmen an bestimmte Zielgruppen […] im vorschulischen, schulischen und außerschulischen Bereich« (Fischer et al. 2014, 29).

Im kulturellen Kontext kann Förderung, aufbauend auf den vorliegenden allgemeinen Definitionen, als Anregung, Begleitung und Unterstützung verstanden werden, kulturelle Fähigkeiten und Fertigkeiten zu erweitern, für kulturspezifische Prozesse und Interaktionen zu sensibilisieren sowie die Reflexions- und Handlungssicherheit agierender Personen in interkulturellen Situationen zu stärken.

Sie bezieht sich dabei auf verschiedenste Zielgruppen (Altersgruppen, Personengruppen, unterschiedliche Kulturen und Intentionen) und verfolgt dementsprechend unterschiedliche Feinziele (Förderung der kognitiven, affektiven oder kommunikativen Interkulturellen Kompetenzen), die jedoch alle dem übergeordneten Ziel zuzuordnen sind, zum reflektierten, kultursensiblen Wahrnehmen und Erleben sowie zum kompetenten Handeln in interkulturellen Situationen und Interaktionen zu führen.

6.2 Interkulturelles Lernen

Basierend auf dem Verständnis von Kultur und Kulturstandards (▶ Kap. 2.1 und 2.4) sowie den in Kapitel 5 vorgestellten Interpretationen des Begriffs ›Interkulturelle Kompetenz‹ kann an dieser Stelle auf interkulturelles Lernen eingegangen werden mit der Definition von Thomas:

> »Interkulturelles Lernen findet statt, wenn eine Person bestrebt ist, im Umgang mit Menschen einer anderen Kultur, deren spezifisches Orientierungssystem der Wahrnehmung, des Denkens, Wertens und Handelns zu verstehen, in das eigenkulturelle Orientierungssystem zu integrieren und auf ihr Denken und Handeln im fremdkulturellen Handlungsfeld anzuwenden. Interkulturelles Lernen bedingt neben dem Verstehen fremdkultureller Orientierungssysteme eine Reflexion des eigenkulturellen Orientierungssystems (Normen, Einstellungen, Überzeugungen und Werthaltungen). Interkulturelles Lernen ist dann erfolgreich, wenn eine handlungswirksame Synthese zwischen kulturdivergenten Orientierungssystemen (Kulturstandards) erreicht ist, die erfolgreiches Handeln in der eigenen und in der fremden Kultur erlaubt. Im Einzelnen sind damit eine Reihe von Annahmen verbunden: So vollzieht sich interkulturelles Lernen in kulturellen Überschneidungssituationen, es findet entweder in der direkten Erfahrung im Umgang mit Repräsentanten und Produkten der fremden Kultur statt, oder es kann sich in Form vermittelter indirekter Erfahrungen vollziehen (Funke 1989). Interkulturelles Lernen provoziert das Gewahrwerden sowohl fremdkultureller Merkmale (fremde Kultur-

standards) als auch eigenkultureller Merkmale (eigene Kulturstandards), die immer schon als implizite Einflussfaktoren handlungswirksam waren, wobei ›Gewahrwerden‹ noch keineswegs Verstehen bedeutet.« (Thomas 2003b, 438) Diese Definition greift sehr stringent auch Thomas‹ Verständnis von Interkultureller Kompetenz auf und stellt eindeutig den Integrationsprozess fremder, kultureller Orientierungssysteme in das weiter existierende eigene Orientierungssystem, den Verstehens- und Reflexionsprozess sowie einerseits den Blick auf andere Kulturen wie auch andererseits den Fokus auf die eigene Kultur heraus. Damit kann diese umfassende, vielperspektivische Definition als Grundlage für die unter Kapitel 6.5 ausgeführten exemplarischen Föderaspekte gesehen werden.

Interkulturelles Lernen kann also beginnen, wenn eine Person im Umgang mit Menschen anderer Kulturen ihr eigenkulturelles Orientierungssystem als eines von vielen möglichen Systemen der Welterfassung und -interpretation reflektiert und anerkennt, d. h. es relativiert. Auf der Definition von Thomas aufbauend findet sich bei Layes ein mehrstufiges Modell interkulturellen Lernens, das in Anlehnung an Hoopes dargestellt wird:

1. Ethnozentrismus (Eigene Weltansicht als einzig mögliche)
2. Aufmerksamkeit für Fremdes (Realisierung anderer Weltansichten)
3. Verständnis (Anerkennung der Rationalität fremder Weltansichten)
4. Akzeptanz (Anerkennung fremder Weltansicht ohne Bewertung)
5. Bewusste Bewertung (Vergleich der eigenen und der fremden Weltansicht mit Hilfe kulturübergreifender, fairer Maßstäbe)
6. Selektive Aneignung (Teilweise Integration fremder Weltansichten in eigene Weltsicht)
(vgl. Hoopes 1981, zit. n. Layes 2005b, 129)

Interkulturelle Lernbarrieren entstünden nach Reisch, wenn »›kulturspezifisch erlernte Gefühlslagen‹ und internalisiertes ›moralisches Bewußtsein‹ [...] immer dann zum ›kulturellen Überlegenheitsgefühl‹ [werden], wenn das Verhalten anderer uns als ›unaufgeklärt-rückständig‹ oder als ›moralisch-verwerflich‹ etc. erscheint« (Reisch

o. J., 15). Dies entspräche der ersten Stufe des Ethnozentrismus im Modell von Layes.

Bei interkulturellen Lernprozessen gehe es nach Thomas vor allem um die persönliche Weiterentwicklung hin zu interkulturellem Verständnis und Handlungssicherheit:

»Interkulturelles Lernen erschöpft sich auch nicht im ›Erlernen einiger (exotischer) Merkmale anderer Kulturen oder fremdkultureller Orientierungssysteme und einem Vergleich zwischen den eigenen und den anderen Orientierungssystemen. Vielmehr geht es um die Schaffung der personellen Voraussetzungen dafür, dass die interkulturellen Qualitäten der als kritisch erlebten Kulturbegegnungen erkannt und die sich daraus ergebenden Anforderungen an Planung, Ausführung und Bewertung der kommunikativen, kooperativen und evaluativen Handlungsvorgänge verstanden und akzeptiert werden.‹« (Thomas o. J, 6 f.)

Dieser Lernprozess konstituiert sich nach Thomas aus interkulturellen Konfrontationen, daraus resultierenden interkulturellen Erfahrungen, geht anschließend über in interkulturelles Verstehen und endet bei der Etablierung einer Interkultur und Interkultureller Kompetenz (vgl. Thomas o. J., 13 ff.). Er vollzieht sich von Handlungspotential über Handlungssicherheit, zu Handlungsflexibilität und -kreativität, hin zum abschließenden Handlungstransfer (vgl. ebd., 25 ff.). Auch hierdurch wird deutlich, dass interkulturelle Fähigkeiten nicht lediglich Performanz, sondern tatsächliche Kompetenzen sind, deren Erwerbs- und Weiterentwicklungsprozess längerfristig zu sehen ist.

6.3 Zur Bedeutung informeller Lernprozesse im interkulturellen Lernen

Will man interkulturelles Lernen bei Kindern und Jugendlichen fördern bzw. initiieren, so geschieht dies primär über informelle Lernprozesse und erst nachrangig über formelle, wie sie im schuli-

6.3 Zur Bedeutung informeller Lernprozesse im interkulturellen Lernen

schen Lernen stattfinden. Unter formellen Lernprozessen werden alle institutionell, basierend auf Curricula erworbenen Fähigkeiten und Wissen verstanden. Diese Prozesse beziehen sich hiermit vor allem auf schulische Sozialisation und ihnen wird im gesellschaftlichen Kontext in unserer Kultur große Bedeutung beigemessen. Davon abzugrenzen ist informelles Lernen als »alle außerhalb vorbereiteter und institutionell eingebetteter Lernumgebungen stattfindende [...] Lernprozesse, also ›die selbständige Aneignung neuer signifikanter Erkenntnisse oder Fähigkeiten [...]« (Livingston 1999, 69, zit. nach Schmidt 2009, 124). Jedoch ist der wechselseitig ineinandergreifende Einfluss zwischen informellen und formellen Lernprozessen nicht von der Hand zu weisen, so dass sie nicht separat voneinander betrachtet werden können. Dementsprechend ist auch bei der Stärkung und Förderung Interkultureller Kompetenz auf die Bedeutung der Synthese beider explizit hinzuweisen. Als Beispiel hierfür wären die wachsende Bedeutung der sog. Soft Skills im Schul- und Berufsleben zu nennen, unter anderem auch Interkulturelle Kompetenz, bei der es sowohl um Wissen wie um Handlungskompetenz geht.

Im interkulturellen Vergleich zeigt sich deutlich, dass informelle Lernprozesse vor allem in wenig stark auf ein Bildungssystem ausgerichteten Ländern etabliert sind und dass sie in anderen Kulturen vor allem soziale Lernprozesse sind (vgl. Schmidt 2009, 125 ff.). Informelles soziales Lernen orientiert sich dabei stark am Modell- oder Imitationslernen. Ein Verhaltens- bzw. Handlungsmodell wird demnach als erfolgreich adaptiert und gelernt, wenn man sich mit ihm identifizieren kann, die Aktion erfolgreich ist oder belohnt wird, das Verhalten häufig beobachtet werden kann und ähnliche Situation erlebt werden, in denen das beobachtete Verhalten selbst angewandt werden kann. Gerade unter der Perspektive des informellen Lernens am Modell und der Voraussetzungen für den Erfolg dieser Lernprozesse ist es wichtig, Kindern – hinsichtlich der Förderung ihrer Interkulturellen Kompetenzen – im Denken, Urteilen, Kommunizieren und Handeln ein transparentes und leicht nachzuahmendes positives Vorbild zu sein und ihnen Situationen zur Erprobung des Verhaltens zu ermöglichen und diese mit ihnen zu üben.

6.4 Interkulturelle Ressourcen

Bevor sich der Förderung interkultureller Fähigkeiten bei sich selbst und bei anderen gewidmet wird, ist es sinnvoll, sich auf die interkulturellen persönlichen, affektiven, sozialen, kreativen, kommunikativen und strategischen Ressourcen und Fähigkeiten zu fokussieren, die man selbst oder die zu fördernde Person bereits mitbringt.

Ein sinnvoller Ansatzpunkt für die Förderung Interkultureller Kompetenz findet sich erst einmal in der Sensibilisierung für die Thematik und setzt an den individuellen Fähigkeiten oder Stärken an, d. h. stellt einen kompetenzorientierten Zugang, keinen defizitorientierten dar. Bei der Erhebung des Ist-Zustandes können z. B. folgende Fragen eine zentrale Rolle spielen: ›Was sind meine interkulturellen Fähigkeiten?‹, ›Was kann ich (gut)?‹, ›Was und wen verstehe ich?‹, ›Was bringe ich bereits mit?‹ oder ›Was fällt mir leicht?‹. Eine weitere Förderung und Unterstützung in den bereits vorhandenen Punkten kann ein guter Einstieg sein. Individuelle Kompetenzen, die Kinder und Jugendliche mitbringen und die in der interkulturellen Förderung eine zentrale Rolle spielen, können beispielsweise Persönlichkeitseigenschaften sein wie Interesse, Aufgeschlossenheit, Offenheit, Kontakt- und Kommunikationsfreudigkeit, Selbstvertrauen, Flexibilität, Fähigkeit zum Perspektivwechsel und ein positives Selbstwirksamkeitserleben.

Ergänzend kann der Wunsch- oder Soll-Zustand als eine Ausrichtung der Förderung angestrebt werden, indem folgende Fragen bearbeitet werden: ›Was fehlt mir noch?‹, ›Was fällt mir schwer?‹, ›Was kann ich (noch) nicht?‹, ›Was will ich noch lernen oder erreichen?‹.

Eine gezielte Förderung dieser Punkte trägt ebenfalls zur Weiterentwicklung interkultureller Fähigkeiten und Fertigkeiten bei. Dies kann natürlich informell im Dialog oder nach persönlicher Struktur und Prioritäten geschehen, eine vorstrukturierte Abfrage dieser Kernkompetenzen bietet allerdings die Übung »Welche interkulturellen Kompetenzen bringe ich mit?« von Mayer (2008, 127). Diese Übung eignet sich einerseits gut zum

6.4 Interkulturelle Ressourcen

Einstieg in die Thematik bei interkulturellen (Fort-)Bildungsveranstaltungen oder zu Beginn der Fördermaßnahmen als Checkliste und Dokumentation des Ist-Standes. Darüber hinaus lässt sie sich andererseits aber auch prozessbegleitend durchführen, um die Fortschritte und Weiterentwicklung einzelner Teilbereiche und -kompetenzen festhalten zu können. Ergänzend dient sie auch zum Abgleich von Selbst- und Fremdeinschätzung, indem sowohl der/die Interessierte wie auch Personen wie z. B. Lehrer, Eltern oder Freunde den Bogen ausfüllen und die Ergebnisse anschließend verglichen und diskutiert werden.

In Anlehnung an die von Mayer (vgl. ebd.) konstruierte Übung kann die nachfolgend erstellte Checkliste (▶ Tab. 1) dabei helfen, interkulturelle Ressourcen zu identifizieren, und natürlich in der Funktion als Orientierungshilfe inhaltlich beliebig erweitert bzw. ausgerichtet werden.

Tab. 1: Checkliste zu interkulturellen Fähigkeiten – Beispiel

Über welche interkulturellen Kompetenzen verfüge ich?	… kann ich noch nicht anwenden	… kann ich zeit-/teilweise anwenden	… kann ich bereits gut und oft anwenden
Persönliche Kompetenzen (z. B. Offenheit, Aufgeschlossenheit, Interesse an anderen Kulturen, …)			
Affektive und soziale Kompetenzen (z. B. Einfühlungsvermögen, Fremdverstehen, Ambiguitätstoleranz, …)			
Kreative Kompetenzen (z.B. Improvisationsfähigkeit, Flexibilität, …)			
Strategische Kompetenzen (z. B. Konfliktlösungs- und Mediationsstrategien, …)			

6 Allgemeine Ansatzpunkte zur Förderung Interkultureller Kompetenz

Tab. 1: Checkliste zu interkulturellen Fähigkeiten – Beispiel – Fortsetzung

Über welche interkulturellen Kompetenzen verfüge ich?	... kann ich noch nicht anwenden	... kann ich zeit-/ teilweise anwenden	... kann ich bereits gut und oft anwenden
Kommunikative Kompetenzen (z.B. Fremdsprachenkenntnisse, interkulturelle Kommunikationsstrategien, Kontaktinitiative, ...)			
Kognitive Kompetenzen (z. B. Kulturtheoretisches Wissen, Wissen über andere Kulturen, ...)			

Über welche interkulturellen Kompetenzen verfüge ich?
Beschreibung der eigenen Fähigkeiten
Persönliche Kompetenzen (z. B. Offenheit, Aufgeschlossenheit, Interesse an anderen Kulturen, ...)
Affektive und soziale Kompetenzen (z. B. Einfühlungsvermögen, Fremdverstehen, Ambiguitätstoleranz, ...)
Kreative Kompetenzen (z. B. Improvisationsfähigkeit, Flexibilität, ...)
Strategische Kompetenzen (z. B. Konfliktlösungs- und Mediationsstrategien, ...)
Kommunikative Kompetenzen (z. B. Fremdsprachenkenntnisse, interkulturelle Kommunikationsstrategien, Kontaktinitiative, ...)
Kognitive Kompetenzen (z. B. Kulturtheoretisches Wissen, Wissen über andere Kulturen, ...)

Es empfiehlt sich in jedem Fall – unabhängig von bereits vorhandenen und weiter zu fördernden Kompetenzen –, bei der Förderung interkultureller Fähigkeiten einen Alltags- oder Lebensweltbezug aufzugreifen. Nieke zustimmend erweist sich dieser Ausgangspunkt als sinnvoll, da Kultur aus Lebenswelt und Deutungs- oder Orientierungsmustern besteht (vgl. Nieke 2008, 51 ff.). Dieser zweidimensionale Ansatz, sowohl Selbst- und Fremdeinschätzungen wie Ausgangszustand und Entwicklungsverlauf einzubeziehen, ermöglicht einen ganzheitlichen Zugang zum Thema der Förderung interkultureller Fähig- und Fertigkeiten.

Als unvergleichbar reichhaltige, interkulturelle Ressource kann in diesem Zusammenhang ergänzend vor allem auch die bikulturelle Sozialisation oder allgemeiner der Zugang zu zwei oder mehr kulturellen Werte- und Orientierungssystemen, Sprachen und Kulturstandards gesehen werden (▶ Kap. 3.3.3).

6.5 Exemplarische Förderaspekte

Nachfolgend werden überblicksartig ausgewählte Aspekte und Anregungen zur Förderung interkultureller Teilkompetenzen gegeben.

Den – wenn auch kritisch zu beurteilenden – Versuch, die Förderung Interkultureller Kompetenz in eine simple ›Formel‹ zu bringen, unternimmt Kanacher und teilt die notwendigen Komponenten folgendermaßen auf:

> »*70 % Affektives Lernen*
> – 35 % Offenheit für andere Handlungsmuster
> – 35 % Erkennen kultureller Hintergründe im eigenen Verhalten und Handeln
> *30 % Kognitives Lernen*
> – 15 % Wissen über eigene Kultur
> – 15 % Wissen über andere Kulturen.«
> (Kanacher 2005, 22, zit. n. Zacharaki 2013, 20; Anm.: Hervorhebung im Original)

So einfach ist das ›Rezept für Interkulturelle Kompetenz‹ nicht, in einer simplen Formel pauschalisiert werden kann sie nicht. Allerdings zeigt

Kanachers Aufteilung anschaulich, worauf die eigentliche Gewichtung bei interkultureller Förderung liegen sollte. Im Nachfolgenden wird sich dabei an der der Definition von Erll & Gymnich (vgl. 2007) zugrundeliegenden Systematik (► Kap. 5.1) orientiert.

6.5.1 Kulturelle Bewusstheit schaffen

Leitfragen für die Thematisierung kultureller Bewusstheit könnten z. B. folgende sein:

* Was ist ›Kultur‹? Was verstehe ich bzw. was verstehen andere unter ›Kultur‹?
* Was fällt alles unter den Begriff ›Kultur‹?
* Worin steckt ›Kultur‹? Was in meinem Leben ist ›Kultur‹? Wo zeigt sich ›Kultur‹ in meinem Alltag?
* Welchen Anteil habe ich selbst an der Weiterentwicklung von ›Kultur‹?

Für die Auseinandersetzung mit diesem kulturtheoretischen Bereich ist insbesondere bei Kindern und Jugendlichen darauf zu achten, dass sich den Fragen durch lebensweltliche oder Alltagsbezüge dem Thema ›Kultur‹ genähert wird.

Ziel dieser Auseinandersetzung sollte es zum einen sein, das abstrakte Konstrukt von Kultur für Kinder und Jugendliche greif- und erlebbar zu machen und daraufhin verständlich sowie wahrzunehmen, dass es kulturgebundene Wertorientierungen gibt, die sich durchaus sehr stark unterscheiden können von den eigenen, und nicht zuletzt, dass diese Wertorientierungen und kulturellen Dimensionen unseren Alltag, unser soziales Leben, unser Denken und Handeln beeinflussen. An dieser Stelle sei noch einmal auf das Kulturmodell von Erll & Gymnich (vgl. 2007; ► Kap. 2.2) verwiesen, das Kultur in die drei Dimensionen mental, material und sozial differenziert, wobei die erstgenannte nicht beobachtbar ist im Vergleich zu den beiden anderen. Insbesondere für jüngere Kinder wird daher eine Annäherung an diese Thematik einfacher sein, wenn sie die beobachtbaren und von außen wahrnehmbaren Aspekte der sozialen und materialen Dimension fokussiert und erst später die mentale hinzunimmt.

6.5.2 Auseinandersetzung mit der eigenen Kultur

Ein selbstreflexives Thema stellt die Auseinandersetzung mit der eigenen Kultur dar, die sich sinnvollerweise inhaltlich an den Aspekt der Bewusstmachung von Kultur anschließen sollte. Zentrale Fragestellungen hier lauten, wobei diese Aufzählung natürlich nicht abschließend ist:

- Was aus der eigenen Kultur ist mir wichtig?
- Was finde ich gut? Was weniger?
- Welche Vorurteile kenne ich, die über meine Herkunftskultur bekannt sind? Wie stehe ich zu diesen bzw. wie gehe ich mit ihnen um?

Den Zugang zur und die Auseinandersetzung mit der eigenen Kultur anzuregen, kann einerseits erneut über die lebensweltlich orientierte Auseinandersetzung mit altersgerechten Kulturgütern und Medien (z.B. Büchern, Tageszeitungen, Musik, Theater, Museum, Essen, Sprache, Kleidung, ...) geschehen, aber auch über die Vergegenwärtigung gelebter und erlernter Werte und Normen (z.B. Ordnung, Sauberkeit, Pünktlichkeit, Gewissenhaftigkeit, ...) und kritische Reflexion dieser. So können auch persönliche Ein- und Vorstellungen über die eigene Kultur besprochen und diskutiert werden.

Einen inhaltlich hilfreichen Denkanstoß bietet hier Husserls Differenzierung des Begriffs »Lebenswelt« in »Heim-« und »Fremdwelt«: Er charakterisiert »Heimwelt« als Welt, »die sich vom Hintergrund einer Fremdwelt abhebt. Die Heimwelt zeichnet sich einmal aus durch *Vertrautheit* und *Verlässlichkeit*; sie bildet eine Sphäre, in der wir uns auskennen – und dies in dem doppelten Sinne des Kennens und Könnens. Die Vertrautheit wurzelt in einer *affektiven Veranke-*

rung. [...] Als letztes Kennzeichen nenne ich die *Abgrenzung* und *Abschirmung* gegen Fremdes« (Husserl 1985, 199 f., zit. n. Nieke 2008, 52; Anm.: Hervorhebung im Original). Demnach kann die Auseinandersetzung mit der eigenen Kultur auch im engen Zusammenhang mit dem folgenden Aspekt, der Auseinandersetzung mit anderen Kulturen, erfolgen.

6.5.3 Interesse für fremde Kulturen wecken

Da im Zuge der Globalisierung und der Einwanderungsgeschichte Deutschlands kulturelle Heterogenität zwar de facto bereits Realität und Alltag ist, sie aber scheinbar noch nicht allerorts im Bewusstsein der Menschen Normalität darstellt, ist es von immenser Bedeutung, frühzeitig das Interesse der Kinder für fremde Kulturen zu wecken. Dies beginnt bereits im Kleinkindalter, in dem die den Kindern natürliche Neugier und das Interesse für Neues auch für die interkulturelle Öffnung genutzt werden. Es sollte Eltern, Lehrern und Pädagogen im Erziehungs- und Sozialisationsprozess gelingen, Kinder frühzeitig zu sensibilisieren für die Vielfalt von Lebensentwürfen, für kulturelle Heterogenität und somit auch den Grundstein für den nachfolgenden Förderaspekt des Abbaus der Barrieren und Aufbaus von Toleranz zu stärken. Einige Anregungen und Leitfragen können beispielsweise die folgenden sein:

- Wie sehen der Alltag und das Leben eines gleichaltrigen Kindes in einem anderen Land aus? Wie leben Menschen in anderen Ländern?
- Wie und was essen Menschen in anderen Kulturen? Was ist landestypisch?
- Wie feiern Menschen in anderen Kulturen Festtage wie Geburtstage oder Hochzeiten? Welche Dinge sind ihnen dabei wichtig und warum?
- Wie feiern Menschen weltweit Feste wie Weihnachten, Ostern, Chanukka, das Fest des Fastenbrechens am Ende des Ramadan? Welche Rituale, Geschichten, Mythologien und Bräuche stecken dahinter?

6.5 Exemplarische Förderaspekte

Die Vorstellung und Durchführung kulturspezifischer Rituale können diese interkulturelle Überlegung ergänzend besonders bereichern. Das Interesse für andere Kulturen lässt sich einerseits natürlich am besten im direkten Austausch mit Menschen aus diesen Kulturkreisen wecken und diese Begegnungen tragen im Sinne der Kontakthypothese am sichersten zum überdauernden Abbau kultureller Vorurteile und Barrieren sowie zur Vermeidung von Generalisierungen in den Urteilen über Menschen aus anderen Kulturen bei (vgl. Allport 1971). Jedoch ist dieser kulturspezifische, direkte soziale Kontakt nicht immer möglich. Alternativ ist es darüber hinaus auch denkbar, das Interesse der Kinder und Jugendlichen für fremde Kulturen durch die Einnahme der Fremdperspektive als Außenstehender zu wecken, wozu die nachfolgenden Ideen anregen sollen.

Das Interesse spielerisch und nicht im Sinne formaler, durchstrukturierter Lernprozesse zu fördern, ist insbesondere bei jüngeren Kindern sicher die zentrale Vorgehensweise. Darüber hinaus ist hier vor allem Kreativität gefordert, um den passenden Zugang einerseits zum konkreten Kind und dessen Individualität sowie andererseits zur spezifischen Kultur, für die Interesse geweckt werden soll, zu öffnen. Dies kann beispielsweise über das (Vor-)Lesen von Märchen und Geschichten aus anderen Kulturen, das Singen von Kinderliedern, das gemeinsame Einkaufen, Kochen und Essen von Speisen aus anderen Ländern geweckt werden. Hierzu gibt es gerade im Elementarbereich anschauliche, für Kinder passend aufgearbeitete und illustrierte Literatur sowie Tonträgermedien, die sich den Themen widmen. So kann gerade bei jüngeren Kindern im Kindergarten- und Grundschulalter noch ein unterstützter und angeleiteter Lernprozess angestoßen werden, während sich bei älteren Kindern und Jugendlichen das Interesse für andere Kulturen primär aus eigener Motivation heraus (z. B. Vorliebe für ein Land), aus dem sozialen Kontext (z. B. durch Freunde oder Bekannte aus anderen Kulturen), aus eigenen Erfahrungen (z. B. Urlaub bzw. längerer Aufenthalt in einem Land oder Schüleraustausch) oder durch schulische Lernprozesse fachspezifisch im Sinne der Curriculum-basierten Thematisierung bestimmter Kulturen und Kulturtechniken entwickelt. Für ältere Kinder und Jugendliche gibt es ergänzend z. B. multimedial aufbereitete Simulations- und Planspiele, Jugendliteratur und -filme sowie für den direkten Kulturkontakt Austauschprogramme. Zielführend sind hier sicher multimediale und -modal eingesetzte Materialien wie Bilder, Videos, Illustrationen, Texte, Land- und Postkarten, die die oben skizzierten Aktivitäten noch unterstützen und zu einem vielschichtigen Eindruck der ›fremden‹ Kultur beitragen, die im Idealfall anschließend eben nicht mehr so ›fremd‹ erscheint, sondern sich als interessant, faszinierend, reizvoll oder – entgegen der anfänglichen Erwartung – evtl. gar nicht so unterschiedlich zur eigenen Herkunftskultur erweist.

6.5.4 Kulturelle Barrieren abbauen, Toleranz stärken

Kulturelle Barrieren abzubauen stellt eine große Herausforderung dar, wenn sich Vorurteile, Stereotype, Generalisierungen und Abwehrhaltungen gegenüber Menschen aus anderen Kulturen manifestiert haben in den Einstellungen und Haltungen. Ein Weg aus dieser Entwicklung heraus kann sicher das Bewusstmachen von Vorurteilen und Stereotypen sein sowie der Abbau von Xenophobie, der Angst vor dem/den Fremden. Grundsätzlich ist die Angst und Vorsicht vor Fremdem ein natürlicher, angeborener Schutzmechanismus des Menschen, der allerdings leider auch, bedingt durch eigens gemachte schlechte Erfahrungen, durch schlechte Erfahrungen anderer oder durch Vorurteile und Generalisierungen (vgl. Han 2007) – heutzutage leider auch häufig durch eine nicht kultursensible, nicht objektive mediale Darstellung –, übersteigert wird zur pathologischen Angst vor dem/den Fremden. Diesen ungünstigen Entwicklungsprozess gilt es in jedem Fall frühzeitig aufzuhalten, ins Gegenteil zu kehren und Barrieren ab- statt aufzubauen. Dies kann vor allem laut Kontakthypothese (vgl. Allport 1971) durch den erfolgreichen Kontakt zwischen Mitgliedern verschiedener Gruppen geschehen, der zum Abbau von Vorurteilen und Stereotypen zwischen diesen führt. Die Hypothese lässt sich auch auf indirekte

Kontakte, z. B. durch berichtete Erfahrungen Dritter, erweitern. Bedingungen für den erfolgreichen Aufbau des Kontaktes bzw. den erfolgreichen Abbau von Vorurteilen und kulturellen Barrieren sind Häufigkeit, Freiwilligkeit und Qualität des Kontaktes. Mehrfache, regelmäßige Kontakte, die aus Eigenmotivation heraus initiiert und nicht aufoktroyiert sowie als persönlich bedeutsam und wichtig erlebt werden, die Unterstützung durch das eigene soziale Umfeld sowie die Begegnung von Personen auf gleicher Ebene, d. h. gleicher Status und keine Hierarchien und die Möglichkeit zu Austausch und Kooperation, tragen zum Abbau der Barrieren bei. Nach Mayer haben Vorurteile eine moralische und normative Konnotation und können wie folgt definiert werden:

»Vorurteile sind soziale Urteile, die gegen kulturell und gesellschaftlich anerkannte Wertvorstellungen verstoßen. Sie entstehen einerseits oftmals durch vorschnelles Urteilen und das Festhalten an diesen Urteilen ohne genauere Kenntnis des Sachverhalts [...] und lassen sich daher selten durch Gegenargumentationen entschärfen. Andererseits entstehen Vorurteile durch Verallgemeinerungen von singulären Erfahrungen. Vorurteile gelten als unvermeidbar und sozialisationsbedingt erworben. Dabei sind die Vorurteile gegenüber der eigenen Gruppe (Ingroup) häufig positiv, die Vorurteile gegenüber anderen Gruppen (Outgroup) oftmals negativ konnotiert.« (Mayer 2008, 149 f.)

Stereotype hingegen seien

»›Bilder‹ von sozialen Kategorien, die Menschen gebrauchen, um ihre Umwelt einzuordnen und zu systematisieren. Stereotype sind somit Generalisierungen, die durch kognitive Prozesse der Systematisierung entstehen und deren Hauptfunktion in der Vereinfachung und Reduktion von Informationen liegt. Stereotype variieren individuell und kulturbedingt in ihrer Komplexität, ihrer Spezifität, ihrer Beliebigkeit und ihrer Gültigkeit.« (ebd., 150)

Zentrales Ziel muss es sein, die Rigidität des starren, unflexiblen – teils vorurteilsbehafteten – Fokus auf die eigene Kultur aufzuweichen und flexibel zu sein für andere kulturelle Werte, Normen, Einstellungen und Verständnisse. Nur indem Toleranz gestärkt und die Akzeptanz von anderen gefördert und erreicht wird, können kulturelle Barrieren dauerhaft und nachhaltig abgebaut werden.

6.5.5 Sensibilität und Empathie fördern

Sensibilität, Einfühlungsvermögen und Fremdverstehen sollten ebenfalls im Fokus der Förderung stehen. Verstehens- und Erkenntnisprozesse entwickeln sich, wenn das eigenkulturelle Orientierungssystem sich für fremdkulturelle öffnet, diese als wertvoll anerkennt und mit Wertschätzung behandelt werden. Empathie und Fremdverstehen können dann einsetzen, wenn das eigene ethnozentrische Denken und Weltbild bewusst reflektiert und überwunden werden kann. Die Relativierung des eigenen Ethnozentrismus, der eigenen Kultur als absolutem Bezugsrahmen für Beurteilung und Bewertung von Situationen und Personen ist jedoch herausfordernd. Die Fähigkeit zum Perspektivwechsel, zum Eindenken und Einfühlen in andere Personen und deren Positionen sowie, zu differenzieren und nicht zu generalisieren, gilt in allen sozialen Interaktionen als essentielle Kompetenz, gewinnt aber gerade in interkulturellen Begegnungen an besonderer Bedeutung, stellt sich andererseits jedoch als große Herausforderung dar aufgrund der Unkenntnis des fremdkulturellen Werterahmens und kann vor allem durch positive interkulturelle Erlebnisse und gemachte Erfahrungen aufgebaut werden.

Mit der Übung ›Put yourself in my place‹ kann dies ebenfalls gefördert werden. Vorgegeben werden beliebige soziale Situationen und man lässt dann z. B. Personen aus individualistischen Kulturen die Perspektive der kollektivistischen übernehmen und umgekehrt oder es wird ein Rollenwechsel zwischen Scham- und Schulkulturen, horizontalen oder vertikalen Kulturen usw. angestrebt.

6.5.6 Ambiguitätstoleranz – die interkulturelle ›Zerreißprobe‹

Ambiguitätstoleranz bezeichnet das Aushalten-Können von Verschiedensein und umfasst ferner die Dimensionen des Fremdverstehens, also die Fähigkeit, sich in etwas eindenken und etwas verstehen zu können, was einem im Denken, Empfinden und Handeln eigentlich fremd ist (vgl. Bredella 2007; Bredella/Christ 2007), sowie die

Fähigkeit, evtl. Diskrepanzen emotional aushalten zu können. Gerade in interkulturellen Situationen wird dies als essentielle Fähigkeit, aber auch als eine weitere große Herausforderung eingeschätzt. Ferner ist sie aber auch für bikulturell sozialisierte Personen von elementarer Bedeutung, da sie mindestens zwei kulturelle, oft gegensätzliche Einflüsse in ihrer Person zu vereinen versuchen. Auf der Gefühlsebene kann diese Ambiguitätstoleranz häufig mit (empathischer) Scham, Unbehagen einerseits, Ungeduld, Unverständnis, Wut und Aggression andererseits verbunden sein. Wichtig ist es, sich dieser Gefühle bewusst zu werden, sie zu reflektieren und sich gewissermaßen auch davon zu distanzieren, um frei von den begleitenden Affekten objektiv der Person aus der anderen Kultur gegenüberzutreten.

Es geht also darum, die Widersprüchlichkeiten, Unsicherheiten, Mehrdeutigkeiten und Unverständlichkeiten, die sich in interkulturellen sozialen Situationen (oder Konflikten) aufgrund von differenten, kulturspezifischen Wahrnehmungen, Einstellungen, Bedürfnissen, Motiven und Werten ergeben, in ihrer Komplexität so bewusst wahrzunehmen und sich gleichzeitig emotional davon nicht unter Druck gesetzt oder eingeschränkt zu fühlen und dennoch objektiv und handlungsfähig zu bleiben. Diese Fähigkeit kristallisiert sich in einem längeren Erlebens- und Lernprozess vor allem in der Berufsprofessionalität von interkulturell geschultem, kultursensibel agierendem Personal heraus (z. B. Interkulturelle Beratung, Transkulturelle Psychotherapie, Erziehung und Unterricht).

6.5.7 Förderung interkultureller Kommunikationsstrategien

Ziel des Förderaspektes interkultureller Kommunikationsstrategien ist es vor allem, kultursensible Kommunikation zu initiieren und zu fördern, d. h. sich derart ausdrücken zu können, dass alle am Kommunikationsprozess Beteiligten aus unterschiedlichen Kulturen sich verstehen und erfolgreich miteinander kommunizieren können zur beiderseitigen Zufriedenheit. Dies geht über Fremdsprachenkenntnisse und die Dimension des Fremdspracherwerbs hinaus, der in diesem Fall als ein sukzessiver Zweit- oder Drittspracherwerb, also ein bewusster Lernprozess, zu verstehen ist. Es geht ferner darum, für sprachliche und kommunikative Gemeinsamkeiten und Unterschiede zu sensibilisieren, sich deren kulturellen, aber auch oftmals individuellen Hintergründen bewusst zu werden und Wege gemeinsamer Kommunikationsformen zu finden. Interkulturelle Kommunikationsstrategien sind also vor allem auf pragmatisch-kommunikativer Ebene das Entwickeln, Einüben und Anwenden alternativer Kommunikationsstrategien und, im Falle entstehender Konflikte, auch Konfliktlösungsstrategien. Hierbei geht es ferner um die Bewusstheit kulturspezifischer Kommunikationsstile. Zentrale Fragestellungen zur Bewusstmachung dieser, aus denen sich dann Förderaspekte ableiten und entwickeln lassen, sind beispielsweise:

- Wie ist der Kommunikationsstil der aufeinandertreffenden Kulturen? Offen und direkt vs. verdeckt und indirekt?
- Wird eher sach- oder beziehungsorientiert kommuniziert? Kommen die interagierenden Personen eher aus einer High- oder einer Low-Context-Kultur?
- Wie unterscheiden sich Gesprächslautstärke und Proxemik der Interaktionspartner?
- Welche Bedeutung kommt der nonverbalen Kommunikation (Mimik, Gestik, Blickkontakt, ...) zu? Bedeuten die Signale im interkulturellen Austausch das gleiche oder führen sie evtl. zu Missverständnissen?
- In welcher Sprache wird kommuniziert?

Wird beispielsweise in der Muttersprache lediglich eines der Interaktionspartner gesprochen, verleiht dies automatisch eine gewisse hierarchische Struktur und unbewusste Überlegenheit gegenüber demjenigen, der sich nicht in seiner Muttersprache ausdrücken kann. Wird evtl. in einer dritten Sprache miteinander kommuniziert, bringt dies die Gefahr von ›Übersetzungsfehlern‹ beim Senden und Empfangen der Nachrichten und dem Transfer von der und in die Muttersprache mit sich.

6.5 Exemplarische Förderaspekte

Als simple Übung, um die teilweise schwierige Situation eines nicht in der Muttersprache kommunizierenden Interaktionspartners zu simulieren, kann beispielsweise die Instruktion gegeben werden, dass die zu Fördernden in einer Fremdsprache z. B. persönlich wichtige Dinge, eigene Bedürfnisse, Ängste oder Sorgen oder ein Problem versuchen auszudrücken. Ein an sich emotional besetztes Thema zu verbalisieren und einem Gegenüber mitzuteilen, stellt bereits in der Muttersprache eine Herausforderung dar, sich vom Gegenüber genau verstanden zu fühlen. Hier stehen einem muttersprachlich emotional besetzte Bilder, Metaphern oder Vergleiche zur Verfügung, die sich nie eins zu eins auf eine Fremdsprache und einen anderen kulturellen Kontext übertragen lassen. Ein Beispiel zur Förderung interkultureller Kommunikationsstrategien – weniger durch Förderung in der Fremdsprache als vielmehr durch die Selbsterfahrung, sich in einem sprachlich-kulturell ungewohnten Kontext zu bewegen – ist, ein Streitgespräch aus der Perspektive anderer Kulturen zu führen, indem entweder auch hier in einer Fremdsprache diskutiert werden muss oder den Teilnehmern ein Kurzprofil zu kulturspezifischen Kommunikationsmustern in Konfliktsituationen ausgeteilt wird, in deren Rollen die Beteiligten nun diskutieren müssen.

Anregungen und Übungen zu einigen der oben dargestellten Förderaspekte finden sich z. B. bei Podsiadlowski (2004, 47 ff.), die – leicht modifiziert – sicher als Grundlage für die Durchführung mit Jugendlichen geeignet sind zur Erfragung des Ist-Standes bzw. Kompetenzniveaus der einzelnen Fähigkeiten oder als Einstieg in das Thema. Konkrete Ansätze zur theoriebasierten Förderung interkultureller Fähigkeiten werden in den nachfolgenden Kapiteln an den Beispielen Spiel, Biographiearbeit sowie Mediation und Konfliktlösung erläutert. In den entsprechenden Kapiteln finden sich ergänzend weitere Literaturvorschläge und Praxisbeispiele zur entsprechenden Förderung.

7

Aspekte und Methoden interkultureller Förderung anhand ausgewählter Beispiele

Dieses Kapitel zeigt Ansatzpunkte interkultureller Förderung für Kinder und Jugendliche auf, indem einerseits kindliches Spiel und andererseits die kultursensible Biographiearbeit als Methoden betrachtet werden. Die Basis der folgenden Ausführungen liefert die Interpretation des Terminus ›kulturelle Differenzen‹ als kulturelle Unterschiede zwischen Personen, während Kapitel 8 demgegenüber den Begriff als (inter-)kulturelle Unstimmigkeiten auffasst. Durch diese Differenzierung können Förderkonzepte und -ansätze auf unterschiedlichen Ebenen greifen. Versteht man ›kulturelle Differenzen‹ lediglich als kulturelle Unterschiede, so finden Ansätze überwiegend auf der Präventionsebene, im Bereich der Primärprävention, ihre Berechtigung, da sich inhaltlich mit kultureller Diversität auseinandergesetzt wird und eine Sensibilisierung für kulturelle Heterogenität gefördert sowie Interkulturelle Kompetenzen aufgebaut werden sollen. Geht man hingegen von ›kulturellen Differenzen‹ als Konflikten aus, so setzt Förderung durch Konfliktbearbeitung und -mediation im Bereich der Intervention, im Bereich der Sekundär- und Tertiärprävention, an, wenn akuter Handlungsbedarf besteht (Leidensdruck, Bedrohung, Einschränkung im Alltag, Probleme des Zusammenlebens).

7.1 Spielerisch interkulturelle Fähigkeiten fördern

Kinder weltweit spielen – das kindliche Spiel kann global als die zentrale Tätigkeitsform des Kindes verstanden werden und mit Fröbel als intensiver Austausch mit sowie symbolische Aneignung der sozialen und materialen Umwelt verstanden werden: Spiel habe die Funktion, »Inneres äußerlich und Äußeres innerlich zu machen« (Fröbel, zit. n. Böhm 2000, 507). Damit kann Spiel sowohl als Form der Kommunikation verstanden werden als auch als Möglichkeit der Verarbeitung und Reflexion von Erlebtem. Um sich dem Thema des Spiels und Spielens zu nähern, soll zu Beginn eine klare Begriffsbestimmung stehen sowie anschließend Funktionen und Charakteristika des Spiels herausgearbeitet werden.

Spiel kann mit Böhm definiert werden als »eine spontane Aktivität, die ihren Zweck in sich trägt und nicht (wie etwa die Arbeit) um eines fremden Zwecks Willen erfolgt. Jede menschliche Tätigkeit kann Spielcharakter annehmen, wenn sie dementsprechend des bloßen Gefallens bzw. der Lust und Freude wegen ausgeführt wird« (Böhm 2000, 507). Auch Heckhausen greift die eben zitierten Charakteristika mit auf, indem er fünf Merkmale des Spiels festlegt:

7 Aspekte und Methoden interkultureller Förderung anhand ausgewählter Beispiele

1. Zweckfreiheit (Menschen spielen freiwillig und um des Spielens willen)
2. Aktivierungszirkel, der Wechsel von Spannung und Lösung in Wiederholungen (vergleichbar mit Flow-Erleben, nachdem die besondere Attraktivität des Spiels gerade darin bestehe, wechselnde dichotome Situationen der An- und Entspannung sowie Herausforderung und Entlastung zu beinhalten)
3. Die handelnde Auseinandersetzung mit einem Stück begegnender Welt
4. Die undifferenzierte Zielstruktur und die unmittelbare Zeitperspektive
5. Die Quasi-Realität (›Als ob‹-Charakter)
(vgl. Heckhausen 1964, 226 f.)

Oerter hingegen legt den Fokus auf weniger und andere Merkmale. Spiel sei erstens zu verstehen als *besondere Handlung, eine Handlung um der Handlung willen*, wobei Handeln charakterisiert sei durch Intentionalität oder Zielgerichtetheit, durch einen Gegenstandsbezug und durch einen Objektbezug (soziokulturellen Partner; von der Kultur bereitgestellte Gegenstände) (vgl. Oerter 1999, 3 ff.). Zweites Merkmal des Spiels sei der *Wechsel des Realitätsbezugs*, indem im Spiel Situationen umdefiniert werden können, durch fiktive Spielsituation und imaginäre Interaktionspartner eine neu erzeugte, eingebildete Realität entstehen könne, in der Zusammenhänge aus dem ursprünglichen Kontext herausgelöst umgedeutet werden könnten (vgl. ebd., 9 ff.). Als letztes Merkmal des Spiels beschreibt Oerter spielimmanente *Wiederholung und Ritual*, wobei er Bewegung, Variation und Verarbeitung als Wiederholungsarten deklariert (vgl. ebd., 15 ff.).

Des Weiteren können verschiedene Formen oder Arten des Spiels klassifiziert werden. Enumerativ aufgelistet wären das z. B. Regelspiele, Glücksspiele, Brettspiele, Gesellschaftsspiele, Kartenspiele, Computerspiele, Phantasiespiele, freies Spiel, Rollenspiel, darstellendes oder Theaterspiel, Konstruktionsspiele, Sprachspiele, Klatschspiele, Denk- oder Problemlösespiele, sensorische oder sensomotorische Spiele, Ballspiele, Bewegungsspiele, Wettbewerbsspiele, ... – je nach Medium, Inhalt, Funktionalität sowie situativem oder sozialem Kontext.

Nachdem bisher verschiedene Kategorien klassifiziert wurden, soll jetzt primär auf Erlebnisformen und Inhalte eingegangen werden. Je nach Spieletyp und -inhalt können verschiedene Erlebnisformen und Erfahrungsgehalte ausgemacht werden. Kinder und Jugendliche erfahren im Spiel das Aufgehen in oder Verschmelzen mit der Umwelt, z. B. im Rollenspiel, in dem die fiktive Rolle mit Leben und Ideen gefüllt und übernommen bzw. gelebt wird, oder im Phantasiespiel, wenn imaginäre Weltreisen oder Abenteuer erlebt werden. Ferner können Erfahrungen der Heraushebung des Ichs im Sinne der Selbsterweiterung oder des gesteigerten Existenzbewusstseins gemacht werden (vgl. Oerter 1999), z. B. im Konstruktions- und Wettbewerbsspiel, indem Progression und Erfolg selbst erlebt und attribuiert werden.

Kinder setzen sich mit Regeln und Grenzen, Normen, Werten, Konventionen auseinander (vgl. Heckhausen 1964, 226 f.). Sie verarbeiten Erfahrungen aus dem alltäglichen Leben oder zukünftig anstehende Aufgaben wie Entwicklungsaufgaben durch Probe- oder ›als ob‹-Handeln (z. B. soziale Rollen), bewältigen Probleme im Spiel. Ferner setzen sie sich mit ihren Emotionen wie Ängsten, Wut, aber auch Träumen und Wünschen auseinander. Häufig thematisieren sie Dichotomien in ihrem Leben wie ›Gut und Böse‹, ›Alt und Jung‹, ›Vergangenheit und Zukunft‹, um sich so auch mit Themen wie Identität, Selbst, sozialen Rollen, Gender und Moral auseinanderzusetzen. Eines der zentralen, wenn auch nicht primär offensichtlichsten Themen ist die Auseinandersetzung mit eigener und fremder Kultur, ihrer eigenen Sicht auf die Welt und der Umwelt, mit der sie zu tun haben. Kultur (repräsentiert in Kulturstandards, -techniken und sozialen Rollen) spielt eigentlich in fast jedem kindlichen Spiel eine implizite Rolle, egal ob im Rollenspiel, Phantasiespiel oder auch in Brettspielen. Im Spiel findet eine symbolische Aneignung der Welt statt, es hilft Kindern bei der Weiterentwicklung sowie der Sozialisation und Enkulturation.

7 Aspekte und Methoden interkultureller Förderung anhand ausgewählter Beispiele

7.1.1 Entwicklungsdimensionen im Spiel

Kindliches Spiel fördert auf multiplen Ebenen die kindliche Entwicklung, was zusammengefasst auch im spielimmanenten Charakteristikum der »Auseinandersetzung mit einem Stück begegnender Welt« (Heckhausen 1964, 226 f.) impliziert ist. Diese Weiterentwicklung erfolgt auf den folgenden Ebenen, die an dieser Stelle nur zum besseren Verständnis der Vollständigkeit halber kurz erwähnt werden. Lediglich die letztgenannte wird aufgrund der besonderen Relevanz für die Thematik etwas ausführlicher betrachtet:

- *Kognitive Entwicklung*: Wissenserwerb, Problemlösen, Kreativität, planvolles Handeln und Antizipation nächster Handlungsschritte, Assimilation und Akkomodation, Theory of Mind, Erstellen von kognitiven ›Scripts‹, ...
- *Motorische und sensorische Entwicklung*: Koordination, Bewegungsmuster und -abläufe, Fein- und Grobmotorik, Reaktionsfähigkeit, akustische, visuelle und taktile Wahrnehmung, Ästhetik, ...
- *Kommunikative Entwicklung*: Sprache, Kommunikationsmuster und -stile, Aushandeln von Regeln, ...
- *Affektive Entwicklung*: Emotionswahrnehmung, Emotions- und Affektregulation, Empathie, Geduld, erhöhte Selbstaufmerksamkeit, sensible Selbstwahrnehmung, Umgang mit Erfolg und Misserfolg, Frustrationstoleranz, Freude und Spaß, regenerative Funktion (Ausgleich, Erholung, Spannungsabbau), Coping-Strategien, ...
- *Soziale Entwicklung*: Peerkontakte und Freundschaften, Auseinandersetzung mit Rollenmustern wie Geschlechterrollen, sozialisatorische Funktion, Regeln gesellschaftlichen Zusammenlebens, Normen, Werte, Handlungs- und Rollenflexibilität, Verhandeln, Durchsetzungsvermögen, Kompromissbereitschaft, Umgang mit Konflikten, Modelllernen, Wettbewerb, Teamfähigkeit, ...
- *Identitätsentwicklung*: Auseinandersetzung mit Entwicklungsaufgaben, Erprobung von Identitätsentwürfen, erhöhte Selbstaufmerksamkeit, Selbstwahrnehmung und -erleben, Auseinanderset-

zung mit eigenen Wünschen, Bedürfnissen, Interessen, Fähigkeiten und Defiziten, ...
* *Kulturelle Dimension*

Als Letztes soll noch die besondere *kulturelle Funktion des Spiels* herausgestellt werden. Die Auseinandersetzung mit soziokulturellen Werten, kulturellen (Geschlechts-)Rollenbildern, Traditionen, Normen und Werten, aber auch mit kulturellen Praktiken und Ritualen im Spiel sowie die Verwendung kulturspezifischen Spielmaterials oder Spielzeugs helfen bei der Vergegenwärtigung der Alltagskultur der Kinder, wobei Letztgenannte auch als Kulturvermittler eine transformative Funktion besitzt. Sie setzen sich so ebenso mit ihrer eigenen wie mit fremden Kulturen auseinander, die sie durch Mitspieler kennen, interessant finden oder die ihnen im Alltag oder den Medien begegnen. Oft entwickeln Kinder daraus durch ihre Phantasie und Kreativität eine neue fiktive Kultur oder basteln sich im Sinne von Transkulturalität bzw. eines hybriden Verständnisses (vgl. unter anderem Hein 2006) von personaler und kultureller Identität eine flexible, wandelbare Kultur, die Elemente aus verschiedenen Kulturen in einem dynamischen Konglomerat vereint. Die hier beschriebene kulturelle Funktion des Spiels taucht insbesondere in Rollen- und Simulationsspielen auf. Spielen ist nach Schäfer deshalb so wichtig für die Entwicklung, weil

»in ihm das ganze Spektrum innerer und äußerer funktionaler Möglichkeiten des Individuums zum Sprechen kommt; weil im Spiel diese Funktionen nicht vereinzelt gefördert, sondern zueinander in Beziehung gesetzt und miteinander integriert werden; weil dieses Zusammenspiel funktionaler Momente zu neuen Situationen führt, in denen die vorhandenen Verarbeitungsmöglichkeiten des Kindes erweitert und variiert werden; Und schließlich, weil in der Spielphantasie Wahrnehmung und Verarbeitung von Wirklichkeit mit innerer Be-Deutung zusammengeführt und zu einem subjektiv bedeutsamen Selbst- und Weltbild integriert werden.« (Schäfer 1989, 30)

7.1.2 Spiele im kulturellen Kontext

Nach den zu Beginn eher allgemeinen Ausführungen zu Funktionen, Arten und Entwicklungsdimensionen des Spiels soll nun noch stärker der kulturelle Kontext herausgestellt werden. Es wurde ja bereits herausgearbeitet, dass in jedem Spiel Kultur immer zumindest implizit eine wichtige Rolle einnimmt und sich in der Auswahl der Inhalte, Spielmaterialien sowie der Kommunikation und Interaktion während des Spiels äußert. Ferner erfüllen Spiele immer auch die Funktion der Auseinandersetzung mit Kultur. Gerade bei der Typisierung von Spielen im kulturellen Kontext ist dementsprechend darauf zu achten, ob es so etwas wie eine universelle oder kulturspezifische Spielkultur oder Spielzeugkultur gibt und in wieweit universelles Spielzeug kulturell geprägt unterschiedlich adaptiert und verwendet wird. Vor allem in der Auseinandersetzung mit Spielmaterialien und -inhalten stellen sich insbesondere die Fragen: »Wie viel Kultur steckt in unserem Spielzeug, in ›Barbie‹, ›Bob, dem Baumeister‹ & Co.?« und »Welche Elemente von Kultur werden in Spielen vermittelt?«. So sollte bei der Auswahl des Spielmaterials in Kindertageseinrichtungen, der Schule, aber auch zu Hause im Sinne der Förderung Interkultureller Kompetenz nicht nur auf alters- und gendergerechte Spielmaterialien, sondern auch auf kultursensibles Spielzeug geachtet werden. Zum Beispiel sollten bei Puppen auch auf ethnische Diversität geachtet und dunkelhäutige oder asiatische Baby-, Hand- oder Fingerpuppen angeschafft werden (vgl. u. a. Enßlin/Henkys 2003). Des Weiteren wäre darauf zu achten, beim Spielangebot nicht nur auf Wettbewerbsspiele zurückzugreifen, wenn Kinder aus kollektivistischen Kulturkreisen zahlenmäßig stärker vertreten sind, da Wettbewerb und individueller Erfolg in ihrem kulturellen Wertesystem keine so bedeutsame Rolle spielen wie bei Kindern aus individualistischen Kulturen. Der Bezug zu Kulturdimensionen und dem kulturellen Hintergrund der Kinder sollte gleichberechtigt mit in die Auswahl der Spielmaterialien und -themen einbezogen werden. Auf den kulturellen Einfluss auf kindliches Spiel, insbesondere auf (soziale) Rollenspiele verweisen in diesem Zusammenhang auch Farver & Shin (vgl.

Farver/Shin 1997, zit. n. DeHart et al. 2004, 355). Hierbei unterscheiden sich kulturbedingt beispielsweise Anteil und Initiative im Rollenspiel, Kreativität und Inhalte (Alltags-, Familien- und Konfliktsituationen, Phantasie- und Abenteuerinhalte), Selbstbehauptung sowie die Durchsetzung eigener Ideen. Auch kollektivistische und individualistische Werte finden im Rollenspiel Ausdruck.

Die nachfolgenden Ausführungen stellen die Klassifikation in ›kulturuniverselle vs. kulturspezifische Spiele‹ und ›Spiele in kulturell homogenen Gruppen vs. Spiele in kulturell heterogenen Gruppen‹ dar. Dabei ist die Analogie zu den etablierten interkulturellen Trainings bewusst gewählt, die auch hinsichtlich des Inhaltes differenziert werden in ›kulturuniverselle oder -spezifische‹ und hinsichtlich der Teilnehmergruppe ›kulturell homogen vs. heterogen‹.

Kulturuniverselle vs. kulturspezifische Spiele

Themen kulturuniverseller Spiele behandeln Kultur eher abstrakt, d. h. nicht an einem konkreten nationalen oder regionalen Beispiel, sondern setzen sich thematisch vertieft mit Werten, Heterogenität und Wertevielfalt, Kommunikation, Vorurteilen und Stereotypen, Gemeinsamkeiten von und Unterschiede zwischen Kulturen sowie Fremdheitsgefühlen auseinander. Zentrale Themen kulturspezifischer Spiele thematisieren konkret eine ausgewählte Kultur oder mehrere im Vergleich und fördern Länderkunde, das Wissen über die eigene und ausgewählte fremde Kulturen, (fremd-)sprachliche Fähigkeiten, vereinzelt auch kulturgeschichtliches Wissen aus Zeitgeschichte, Politik, Gesellschaft und Kunst. Dies kann beispielsweise ganz kreativ als eine Art Projektspiel oder Schnitzeljagd mit kleinen Hinweisen zur gesuchten Kultur gestaltet werden oder als Rollenspiel mit zwei Gruppen, die für je eine Kultur stehen, ihre kulturelle Identität aber nicht offensichtlich preisgeben, sondern durch gezieltes Nachfragen der anderen Gruppe langsam und allmählich enthüllen. So entsteht ein spielerischer Wettbewerbscharakter darüber, wer früher die Kultur der gegnerischen Gruppe erkennt und wer über welches bereits vorhandene kulturelle Wissen verfügt. Ergänzend können auch kulturspezifische fiktionale oder nonfiktionale Simulations- und Planspiele zum kulturbezogenen Nachdenken, Reflektieren und interkulturellen Austausch anregen. In realistischen oder fiktionalen sog. Mehr-Kulturen-Rollenspielen können die Teilnehmer ergänzend auch praktisch an gemeinsamen Problemlösestrategien sowie ihren kommunikativen Fertigkeiten arbeiten.

Spiele aus der eigenen Kultur vs. Spiele aus anderen Kulturkreisen

Unter Spiele, die sowohl in der eigenen wie auch anderen Kulturen bekannt sind, fallen beispielsweise Hüpf- und Bewegungsspiele, die von Kindern weltweit gespielt werden, allerdings in unterschiedlichen Ausprägungen und Variationen, wie z. B. das Hüpfspiel ›Himmel und Hölle‹, das entweder mit Kreide auf den Boden oder mit einem Stock in Sand oder Erde gezeichnet und mit einem Stein bespielt wird. Des Weiteren gehören hierzu auch Klatsch- und Rhythmusspiele oder Abzählverse, die ebenfalls weltweit gespielt werden. Kulturspezifisch sind hierbei allerdings die Melodien, Rhythmen und Texte, die dazu gesprochen oder gesungen werden. Für die Förderung Interkultureller Kompetenzen durch spielerische Aktivitäten kann es daher für die Förderung von Empathie und Fremdverstehen sinnvoll sein, Kindern neben den gewohnten, einheimischen Spielvarianten der Hüpf-, Klatsch- und Rhythmusspiele Videos von Kindern aus anderen Ländern vorzuspielen, die diese in den in ihrer Kultur üblichen Varianten spielen, oder ebenfalls diese ›fremden‹ Versionen praktisch auszuprobieren. Gerade unter dem Aspekt, Unterschiede zu erkennen, aber Gemeinsamkeiten zu betonen, bringt dieser Vergleich gute Ansatzpunkte, eigen- und fremdkulturelles Handeln zu reflektieren. Ähnlich verhält es sich mit einem Vergleich der Spielsachen und -materialien. Um frühzeitig Interesse für andere Kulturkreise und Empathie für Kinder aus anderen Kulturen zu wecken, kann der Austausch von Spielzeug oder das Spielen von Spielen aus anderen Kulturkreisen besonders anregend sein.

7.1 Spielerisch interkulturelle Fähigkeiten fördern

Spielen in kulturell homogenen und heterogenen Gruppen

Für die Durchführung interkultureller Fördermaßnahmen mithilfe des Spiels empfiehlt es sich natürlich, auf die Zielgruppe einzugehen. Während der Fokus bisher auf dem Thema lag, soll jetzt die Teilnehmergruppe fokussiert werden als ein weiterer zu berücksichtigender Faktor bei der Planung und Organisation der interkulturellen Förderung. Handelt es sich bei der Teilnehmergruppe um eine kulturell homogene Gruppe, so empfiehlt es sich, Spiele auszuwählen, die eine Auseinandersetzung mit der eigenen, allen gemeinsamen Kultur thematisieren und zur Reflexion und dem Hinterfragen eigener Stereotype und Vorurteile anregen sowie ethnozentrische Weltbilder bewusst machen und evtl. auflockern. Ergänzend können – im Sinne der Förderung kognitiver und affektiver Fähigkeiten – auch Spiele und Spielmaterialien aus einem spezifischen Kulturkreis oder einer Region ausgewählt werden, um einerseits das Wissen hierzu zu erweitern und andererseits durch die gezielte Auseinandersetzung damit auch affektive Fähigkeiten zu fördern. Letztere lassen sich jedoch besonders gut in kulturell heterogenen Teilnehmergruppen fördern, weil neben der theoretischen und antizipatorischen Auseinandersetzung mit anderen Kulturen Teilnehmer multikultureller Einflüsse direkt beteiligt sind und so interkultureller Austausch über Spiel praktisch erleb- und erfahrbar wird. Ergänzend eignen sich Spiele in kulturell heterogenen Gruppen vor allem auch dazu, kommunikative, kulturelle Fähigkeiten zu fördern durch die Auswahl von Sprach- und Kommunikationsspielen.

7.1.3 Praktische Umsetzungsmöglichkeiten und Anregungen anhand ausgewählter Formen des Spiels

›Die Wahrheit über mich‹

Jeder Teilnehmer der Gruppe wird gebeten, drei Aussagen über sich selbst aufzuschreiben, wovon aber nur eine wahr, die anderen beiden erfunden sind. Anschließend stellen sich alle reihum namentlich mit der ›Wahrheit über sich‹ vor. Die anderen Teilnehmer überlegen sich nun, welche Aussage der Person der Wahrheit entspricht, und geben ihren Tipp ab. Anschließend wird aufgelöst und der nächste Teilnehmer ist an der Reihe.

Als Variation des Spiels bleibt bei mehrtägigen Veranstaltungen wie Freizeiten, Schullandheimaufenthalten oder Seminaren die Möglichkeit der späteren Auflösung am Schluss der Veranstaltungen. Dabei werden die Teilnehmer in der Vorstellungsrunde aufgefordert, ihre Vermutung über die Wahrheit eines anderen Teilnehmers zu notieren, und zum späteren Zeitpunkt wird gefragt, ob sie noch bei ihrer Hypothese bleiben oder diese mittlerweile revidieren. Intention des Spiels ist es, Vorurteile und erste Eindrücke zu hinterfragen, die wir von uns unbekannten Personen haben, die wir oft vorschnell beurteilen, wobei wir uns von bereits kognitiv erstellten Kategorien zur Personwahrnehmung und -einschätzung leiten lassen. Oftmals täuscht der erste Eindruck von einer Person und die Spieler merken, dass sie ihr erstes Urteil über die fremde Person schon ein paar Stunden später revidieren müssen, weil sie diese mittlerweile anders einschätzen oder besser kennen.

›Wie bunt bin ich?‹

Vor Beginn des Spiels werden Kriterien ausgewählt, wonach die Gruppe ohne deren Wissen eingeteilt wird (z. B. offensichtliche Merkmale wie Haarfarbe, Geschlecht, aber auch nicht sichtbare Merkmale, die Hintergrundwissen über die Personen erfordern wie Geburtsjahr oder Zugehörigkeit zu einer bestimmten Gruppe, z. B. Sportverein). Für diese Kriterien wird jeweils ein spezifisch farbiges Kärtchen vergeben (z. B. für blonde Haare ein blaues, für braune Haare ein rotes, für alle mit Muttersprache Deutsch ein gelbes, für alle, die Mitglieder im Fußballverein sind, ein grünes usw.). Alle erhalten so Farbkärtchen, die jeweils ihren Gruppenzugehörigkeiten entsprechen. Nun sollen sich die Kinder jeweils ihrer Farbe entsprechend zu Gruppen zusammenfinden und herausfinden, was das Merkmal ist, das sie teilen und das sie von anderen unterscheidet.

7.1 Spielerisch interkulturelle Fähigkeiten fördern

Dies fördert einerseits die Selbst- und Fremdwahrnehmung durch bewusstes Ansehen, Beobachten und Wahrnehmen der anderen, aber auch die Kommunikation, das (bessere) Kennenlernen, und dient als ›Eisbrecher‹ bei sich neu formenden Gruppen, da sich die Mitglieder anhand ihres individuellen Farbspektrums ausfragen und kennenlernen können. Kinder, die mehrere Farbkärtchen haben, wechseln zu einer anderen Farbgruppe, sobald sie den ersten Farbcode dechiffriert haben. Sind alle Farben ihrem Merkmal korrekt zugeordnet, wird in der Gesamtgruppe reflektiert, wie die Kinder selbst das Spiel und ihre Gruppenzugehörigkeit erlebt haben, welche Farben leicht zu entschlüsseln waren und welche schwer sowie die jeweilige gruppenspezifische Vorgehensweise beim Herausfinden. Vielleicht berichtet ein Kind besonders stolz, dass es sich freute, zu einer bestimmten Gruppe zu gehören, ein anderes Kind hätte sich gewünscht, ebenso dieser Gruppe anzugehören. Der Spielleiter ist hierbei besonders gefordert, die evtl. stattfindende Aufwertung der eigenen Gruppenzugehörigkeiten und die Abwertung der Fremdgruppen zu reflektieren und zu relativieren. Wichtig herauszuarbeiten ist, dass nicht jeder die identische Anzahl an Farbkärtchen haben muss – manche gehören eben mehr Gruppen an, andere weniger. Dieses Spiel verdeutlicht anschaulich, wie subjektiv diese Kategorien sind, nach denen wir andere Menschen einteilen, und dass man nicht zwangsläufig in allen Gruppen sein kann. Im Elementarbereich ist es empfehlenswert, mit höchstens drei bis vier einfachen bipolaren Kategorien zu starten (Gesamteinteilung der Gruppe in entweder die eine oder die andere Teilgruppe) und ggfs. Hilfestellungen zu geben. Bei Jugendlichen oder Erwachsenen können komplexere und mehrdimensionale Kategorien gewählt werden.

›Wie lebe ich in einem anderen Land?‹ (Idee und Anregung: ›Münzorakel‹ bei Rademacher/Wilhelm 2005, 25)

Die Kinder verteilen sich etwa zu gleich großen Gruppen um verschiedene Tische, auf denen jeweils die Karte eines Kontinentes liegt. Eine Münze oder ein Knopf dienen als Spielstein, der reihum auf die Karte geworfen wird, bis er auf einem Land landet. Aufgabe ist es, nun zu sammeln, was man über das Land weiß. Daraufhin soll sich der Spieler, der an der Reihe war, vorstellen, wie es wäre, selbst in diesem Land zu leben, und wie Kinder aktuell in diesem Land leben. Anschließend geht es reihum, bis alle Kinder mit Werfen an der Reihe waren. Zudem besteht die Möglichkeit, die Tische zu wechseln, um sich mit anderen Kontinenten und Ländern vertraut zu machen. Das Spiel fördert zum einen freies Assoziieren und Empathie. Kinder lernen, sich in andere hineinzuversetzen und sich zu überlegen, wie sich ihr Leben von dem anderer Kinder auf der Welt unterscheidet. Des Weiteren fördert es den kommunikativen Austausch untereinander und die gegenseitige Hilfe. Zudem wird den teilnehmenden Spielern recht schnell bewusst, wie wenig sie vermutlich über andere Länder sowie Alltag und Leben der Kinder dort wissen. Das Interesse für andere Kulturen wird dadurch gefördert.

›Wer bin ich? Welche Rollen habe ich?‹ (Idee und Anregung: ›Mein Schicksal‹ bei Rademacher/Wilhelm 2005, 172 ff.)

Jeder Teilnehmer erhält ein Kurzprofil zum Charakter, den er im Spiel übernimmt, welches er liest und verinnerlicht. Anschließend stellen sich alle Spieler entlang einer Linie auf. Der Spielleiter liest nun allen eine Reihe von Fragen (für alle Spieler die gleichen) vor, auf die jeder Spieler entsprechend seiner Rolle antworten muss, indem er bei Zustimmung (positiver Beantwortung der Frage) einen Schritt nach vorne macht. Nach Beantwortung aller Fragen ergibt sich zumeist ein alle Teilnehmer beeindruckendes Bild. Da die Fragen primär auf gesellschaftlich und kulturell angesehene Werte, Eigenschaften, Positionen, Partizipationsmöglichkeiten und Rechte abzielen, rutschen die Spieler, deren Profil dementsprechend gestrickt ist, schneller und weiter nach vorne als Spieler, deren Profil quasi am Rande der Gesellschaft steht und die von anderen überholt werden. In der anschließenden Reflexion sollen alle Spieler, noch in derselben Position wie nach der letzten Frage stehend, ihre Stellung mit denen der anderen vergleichen und die Gefühle verbalisieren, die sie beim Vorgehen, Stehenbleiben, Überholen und Überholt-Werden empfunden haben. Interessant wird das Spiel, wenn man einzelne Rollen doppelt vergibt und sieht, ob sich die Personen mit identischen Charakteren auch tatsächlich gleich entschieden haben, vorzugehen oder stehenzubleiben, denn ein gewisser individueller Spielraum beim Beantworten der Fragen bleibt bestehen.

›Länder-Memory‹

Reihum ziehen die Teilnehmer Karten mit Namen von ihnen bekannten Ländern. Auf dem Fußboden sind zu jedem Land Nationalflagge und zwei bis drei typische Bilder verteilt. Die Teilnehmer sollten dann die zu ihrem Land passenden Bilder suchen und auf einer Weltkugel (oder Landkarte) an die richtige Stelle kleben. Ergänzend können die Teilnehmer dazu angeregt werden, ihr Wissen und ihre Erfahrungen über bzw. mit dem Land zu berichten. Die Karten können natürlich auch als klassisches Länder- oder Kultur-Memory von den Teilnehmern selbst erstellt und nach den bekannten Memory-Spielregeln gespielt werden. Gefördert werden hier vor allem Wissen und Austausch über fremde Länder und Kulturen. Je nach Aufbau und Durchführung werden den Teilnehmern auch Vorurteile und Stereotype über fremde Kulturen vor Augen geführt.

Anregungen und Ideen sowie weiterführende Literatur zum Thema ›Spielen im interkulturellen Kontext‹ finden sich u. a. bei: Grosse-Oetringhaus 2002; Lüddecke et al. 2001; Osuji 2010; Rademacher/Wilhelm 2005; 2009; Rolli/Völkening 2004; Schäfer et al. 2006; Steffe 2008; Unicef o. J.; vom Wege/Wessel 2008.

Zusammenfassend bietet Spielen die Möglichkeit, auf verschiedenen Ebenen fördernd anzusetzen, indem auf Antizipationsebene Phantasie und Einfühlungsvermögen gefördert, auf Beziehungsebene durch Vor- und Mitspielen, Spielvorschläge oder -anregungen Beziehungsangebote oder Rollenleitbilder geschaffen sowie auf der Handlungsebene durch Impulse und Aufforderungen Aktivität angeregt werden können. Das große Potential der Förderung Interkultureller

Kompetenzen durch das Medium Spiel ist sein genuiner Charakter, der insbesondere Kindern entgegenkommt, da es ihre häufigste und liebste Aktivität darstellt. Förderung erhält hier also keinen formellen, institutionalisierten Charakter, sondern direkten Interessen- und Lebensweltbezug. Spielerisch können kognitive Kompetenzen in den Bereichen Wissen über eigene und andere Kulturen sowie Selbstreflexivität gefördert werden. Vor allem kann durch Rollen- und Planspiele auch die affektive Kompetenz in den Bereichen Empathie und Toleranz, Selbst- und Fremdwahrnehmung, Ambiguitätstoleranz sowie Interesse und Aufgeschlossenheit Neuem und Fremdem gegenüber unterstützt werden. Ergänzend lassen sich auch ansatzweise kommunikative Kompetenzen in den Bereichen alternative Kommunikations- und Konfliktlösungsstrategien durch angeleitete Rollen-, Plan-, Simulationsspiele oder durch freies Spielen fördern.

7.2 Kultursensible Biographiearbeit mit Kindern und Jugendlichen zur interkulturellen Förderung

In diesem Kapitel wird das Themenfeld der kultursensiblen Biographiearbeit mit Kindern und Jugendlichen in den Kontext interkultureller Förderung gestellt, weil es sich um eine kulturbewusste und -sensible Methode handelt und gleichzeitig zum Abbau kultureller Differenzen beitragen kann. Einleitend werden Grundprinzipien der Biographiearbeit vorgestellt, bevor im weiteren Verlauf konkrete Praxismethoden und -beispiele in den Fokus gerückt werden.

7.2.1 Grundlagen der Biographiearbeit

Nach Ruhe kann Biographiearbeit verstanden werden als »der Versuch, Mensch-Sein als Körper, Geist und Seele in den individuellen,

7.2 Kultursensible Biographiearbeit

gesellschaftlichen und tiefenpsychologischen Dimensionen wahrzunehmen. In der Rückschau auf das eigene Leben geschieht Einbettung in das gesellschaftliche Leben, wächst Verständnis für das Eigene« (Ruhe 2012, 128). Es geht um die Ganzheitlichkeit des Menschen, sich in seinen psychischen Dispositionen wie auch im gesellschaftlichen und historischen Kontext zu sehen und zu verorten sowie sich sinnhaft als Bestandteil eines Kontinuums zu definieren (vgl. ebd.). Ferner intendiert sie eine reflektiert-kritische Auseinandersetzung mit der Zeit, ein Verstehen und Reflektieren der Vergangenheit zur Gestaltung der Gegenwart und Planung der Zukunft. So definieren Lattschar & Wiemann Biographiearbeit als

> »eine strukturierte Methode in der pädagogischen und psychosozialen Arbeit, die Kindern, Jugendlichen, Erwachsenen und alten Menschen ermöglicht, frühere Erfahrungen, Fakten, Ereignisse des Lebens zusammen mit einer Person ihres Vertrauens zu erinnern, zu dokumentieren, zu bewältigen und zu bewahren. Dieser Prozess ermöglicht Menschen, ihre Geschichte zu verstehen, ihre Gegenwart bewusster zu erleben und ihre Zukunft zielsicherer zu planen.« (Lattschar/Wiemann 2007, 13)

Gerade unter der oben angesprochenen Perspektive kritischer Selbstreflexion und Auseinandersetzung mit Zeit eignet sich Biographiearbeit sehr gut zur Durchführung mit Menschen mit Migrationshintergrund, da die eben skizzierte zeitliche Perspektive häufig auch mit der kulturellen oder geographischen Trennung und dem Kulturwechsel korreliert und beide – wenn sie nicht sinnvoll zu einem Lebensverlauf integriert werden können – isoliert und teilweise unvereinbar gegenüberstehen können, z. B. in Form von täglich auftretenden Normkonflikten zu unterschiedlichen kulturellen Kontexten, durch Erinnerungslücken und ›blinde Flecken‹ im Migrationsprozess.

Auf dieser eigenen Schlussfolgerung aufbauend greift stimmig auch die Definition von Miethe, die vor allem den Aspekt der angeleiteten und strukturierten (Selbst-)Reflexion in den Vordergrund stellt:

> »Ausgehend von einem ganzheitlichen Menschenbild ist Biografiearbeit eine *strukturierte Form der Selbstreflexion in einem professionellen Setting in dem*

an und mit der Biografie gearbeitet wird. Die angeleitete *Reflexion* der Vergangenheit dient dazu, Gegenwart zu verstehen und Zukunft zu gestalten. Durch eine Einbettung der individuellen Lebensgeschichte in den gesellschaftlichen und historischen Zusammenhang sollen *neue Perspektiven eröffnet und Handlungspotenziale* erweitert werden.« (Miethe 2011, 24; Anm.: Hervorhebung d. Verf.)

Begrifflich davon abzugrenzen ist zum einen die Biographieforschung, die vor allem ein sozialwissenschaftliches Forschungs- und Erkenntnisinteresse verfolgt, weniger ein biographisches Verstehen beim Beteiligten. Zum anderen ist der Begriff des ›Biographischen Lernens‹ zu unterscheiden, der biographische Aspekte und Lebensweltbezüge versucht, in alle Lernprozesse einzubeziehen oder biographisch basierte Didaktik anzuwenden, wobei der Lernprozess im Fokus steht, weniger der biographische (vgl. ebd., 25 ff.).

Biographisches Erzählen und Biographiearbeit übergeordnet haben die Funktion, Erinnerungen aufzufrischen bzw. lebendig zu halten, Erinnerungen mit anderen zu teilen und kritische oder einschneidende Lebensereignisse oder Umbrüche zu verarbeiten und in den gesamten Lebenszusammenhang zu stellen. Biographiearbeit kann ergänzend auch dazu dienen, Erinnerungen oder das Gedächtnis für eine andere Person darzustellen, wenn Eltern beispielsweise ihre Kinder dabei unterstützen, oder im geragogischen Kontext mit älteren Personen, die unter Gedächtnislücken oder Erkrankungen wie Alzheimer oder Demenz leiden. Insbesondere bei der Durchführung mit älteren Teilnehmern geht es auch um die Retrospektive über den Lebensverlauf, das Lebenswerk, um die Dokumentation der Memoiren. Übergeordnet ist zentrales Element der Biographiearbeit mit allen teilnehmenden Alters- und Personengruppen, dass Erfahrungen, Erinnerungen, Ereignisse des Lebens zusammen mit einer Person ihres Vertrauens erinnert, dokumentiert und bewältigt werden mit dem Ziel, die eigene (Lebens-)Geschichte zu verstehen und durch die Methodik auch zu sich selbst auf Abstand zu gehen und die Biographie im Gesamtzusammenhang von Vergangenheit, Gegenwart und Zukunft zu sehen. Miethe fasst diese Bedeutung folgendermaßen treffend zusammen:

7.2 Kultursensible Biographiearbeit

»Biografien sind *subjektive und bedeutungsstrukturierte Konstruktionen des individuellen Lebens*, wie sie sich in der kognitiven, emotionalen und körperlichen *Auseinandersetzung zwischen individuellem Erleben und gesellschaftlichen und kulturellen Dimensionen* herausbilden. In der Biografiearbeit geht es von daher nie um die Rekonstruktion von Fakten bzw. dessen Realitätsgehalt, als vielmehr um das *Verstehen des ›Eigen-Sinns‹* biografischer Äußerungen.« (Miethe 2011, 21; Anm.: Hervorhebungen d. Verf.)

Da es sich um eine sehr persönliche Arbeit handelt, sind folgende Prinzipien notwendige Bedingungen und Voraussetzungen für die Durchführung von Biographiearbeit:

- Freiwilligkeit
- gegenseitiges Vertrauen, Offenheit, Respekt
- Verschwiegenheit
- Verbindlichkeit, Verlässlichkeit
- Akzeptanz und Wahrung von Grenzen
- geeigneter Raum, ausreichend Zeit
- kein Druck, keine Belastung, keine Bewertung
- Flexibilität der Methode und des Themas entsprechend der Teilnehmer und der Situation

Mit Miethe können verschiedene Formen der Biographiearbeit differenziert werden. So können einerseits formelle und informelle, andererseits Einzel- und Gruppenarbeit unterschieden werden (vgl. Miethe 2011, 31 ff.).

Die pädagogische Begleitung während des Prozesses steht dabei vor der Herausforderung, auf den eben skizzierten Prinzipien eine vertrauensvolle, offene und kreative Atmosphäre zu schaffen. Findet Biographiearbeit im institutionellen Setting, z. B. in der Schule als Projekt, statt, so muss besonders behutsam vorgegangen werden:

»Biographischer Unterricht ermöglicht Lernenden wie Lehrenden gleichermaßen eine Einbringung ihrer Subjektivität, ihrer persönlich bedeutsamen Erfahrungen und kann beide Seiten zu Erkenntnissen führen. Die hier angedeutete zunehmende Gleichberechtigung von Schülerinnen, Schülern, Lehrerinnen und Lehrern kann zu einer Neugestaltung der Rollen aller am

7 Aspekte und Methoden interkultureller Förderung anhand ausgewählter Beispiele

Unterricht Beteiligten sowie ihrer Beziehungen zueinander beitragen.« (Rogal 2009, zit. n. Memory Biografie- und Schreibwerkstatt e. V. 2009, 14)

Es ist insbesondere darauf zu achten, dass Biographiearbeit im schulischen Kontext frei von Leistung und Leistungsbeurteilung stattfindet, dass die Prinzipien noch explizitere, noch bewusstere Anwendung finden und dass die von Rogal (2009) angesprochene Neugestaltung der Rollen aller Beteiligten sensibel, transparent und behutsam aufgebaut und reflektiert wird.

Migrations- und kulturspezifische Themen, mit denen sich im Rahmen der Biographiearbeit auseinandergesetzt werden kann, sind an dieser Stelle überblicksartig aufgeführt:

- Auseinandersetzung mit Kultur (allgemein und spezifisch, eigener und fremder) sowie den eigenen kulturellen Wurzeln
- bikulturelle Sozialisation und das Aufwachsen in und mit zwei Kulturen bei Kindern und Jugendlichen mit Migrationshintergrund
- Migrationsphasen und Lebensstationen bei Menschen mit eigener Migrationserfahrung
- Rekonstruktion und Aufarbeitung der Migrationsumstände und -hintergründe (kritische Lebensereignisse wie unfreiwillige oder Zwangsmigration, Flucht und Traumatisierung, Integration im Aufnahmeland) z. B. durch ein Migrationstagebuch
- Auslandsadoption
- Auseinandersetzung mit Heimat, Herkunft und Zuhause
- Identitätsentwürfe im multi-/transkulturellen Raum, Auseinandersetzung mit ethnischer und kultureller Identität
- insbesondere bei älteren Migranten: Auseinandersetzung mit dem Älterwerden und Sterben in der Fremde, Erinnerungen an Herkunftskultur, Abwägen von Rückkehrwünschen, Heimat-Nostalgiedenken (Zeit zu Hause stehen geblieben) vs. Realismus (auch zu Hause hat sich viel verändert), Akzeptieren der generativen Veränderungen

7.2.2 Ausgewählte Methoden

Nachfolgend soll das Methodenspektrum der Biographiearbeit dargestellt werden, das sich auch zum Einsatz im interkulturellen Kontext eignet und mit dessen Hilfe interkulturelle Förderung umgesetzt werden kann. Die Auflistung wurde im Rahmen interkultureller Lehr- und Fortbildungsveranstaltungen an der Universität Würzburg (weiter-)entwickelt und erprobt – sie erhebt keinen Anspruch auf Vollständigkeit, sondern stellt lediglich eine Auswahl an Übungen dar. Der Kreativität sind innerhalb der Biographiearbeit kaum Grenzen gesetzt und es ist auch Aufgabe der pädagogischen Leitung, geeignete Methoden für den jeweiligen Teilnehmerkreis und die sich im Verlauf ergebenden biographischen Themen auszuwählen.

Grundlegend können drei Kategorien unterschieden werden, zum einen unspezifische Methoden (z. B. Kennenlernübungen, die bereits biographischen Bezug haben), zum zweiten modifizierte Methoden, die beispielsweise aus der Sozialforschung kommen und adaptiert wurden (z. B. Genogrammanalyse), sowie zum dritten eigenständige Methoden, die speziell für Biographiearbeit entwickelt wurden (z. B. Erzählcafés, Lebensbücher).

Einstiegsübungen

Als Einstiegsübung eignet sich beispielsweise ein persönliches *Namens-Akrostichon* der Teilnehmer oder die nachfolgend beschriebene Übung:

›Eine Tüte Lebenserfahrung, bitte!‹

Jedem Teilnehmer wird eine kleine Papiertüte (z. B. Brotzeit- oder Papiertüte) ausgehändigt, die anschließend mit Zeichnungen, Beschriftungen, Fotos, Zeitungsausschnitten, Abbildungen etc. kreativ und individuell gestaltet werden soll. Außen auf die Tüte kommen persönliche, biographische Dinge, die für andere Teilnehmer und Außenstehende sichtbar sein dürfen oder sollen (z. B. Alter, Haarfarbe, Größe, Name, Hobbies, Portrait, Familienfoto, ...). Gefüllt wird die Tüte anschließend mit Fotos, kurzen Geschichten, Notizen oder Stichwortzetteln, gemalten Bildern, Erinnerungen, Souvenirs oder ähnlichem, die von biographischer und persönlicher Bedeutung für den Gestalter sind, einem Außenstehenden jedoch verborgen bleiben, weil sie entweder nicht so offensichtlich oder privat sind und weil der Teilnehmer sie für sich behalten möchte. Abschließend wird jedem die Möglichkeit gegeben, die Tüte fest zu verschließen (z. B. verkleben oder tackern). Intention der Übung ist es, den Teilnehmern den Unterschied zwischen einem objektivierbaren und von Außenstehenden sichtbaren Lebenslauf und der Biographie, persönlich wichtiger, aber für Außenstehende nicht sichtbarer Erfahrungen und Erinnerungen zu verdeutlichen. Ergänzend spielt der Aspekt der Auseinandersetzung mit Selbstdarstellung und -inszenierung (»Wie möchte ich von anderen gesehen und wahrgenommen werden?«) auf der Außenseite der Tüte und dem ergänzenden Aspekt, auch andere Bestandteile (Inhalt der Tüte) in seine Identität zu integrieren, eine Rolle.

›Objektivierbare‹, datenbezogene Methoden

Unter datenbezogene Methoden fallen auch Genogramm- oder Stammbaum-Arbeiten, die sich aufgrund der sehr privaten Informationen und des intensiven Rechercheanteils eher zur Einzelarbeit eignen und auf deren weitere Ausführung an dieser Stelle verzichtet wird, da sie keine explizite kultursensible Methode darstellen. Beispiele für Genogramme in der Biographiearbeit finden sich u. a. bei Ryan/Walker (vgl. 2007, 62 f.).

Lebensstrahlgrafiken (mit Fallbeispielen von Migranten)

Lebensstrahlgrafiken eignen sich für die Durchführung in der Einzel- wie Gruppenarbeit, bei Letzterer können auch biographische Fallbeispiele zu Hilfe genommen werden, um in der Gruppensituation von der sehr persönlichen, biographischen Rekonstruktion des Lebensverlaufs Abstand nehmen zu können.

7.2 Kultursensible Biographiearbeit

Den Teilnehmern wird ein Arbeitsblatt mit vorgezeichneter x- und y-Achse überreicht, wobei bei der Vorbereitung darauf zu achten ist, dass die x-Achse horizontal etwa in der Mitte des Blattes verläuft, die y-Achse vertikal im linken Drittel, nicht jedoch ganz links. Der Schnittpunkt der x- und y-Achse markiert den Zeitpunkt der Geburt. Auf der y-Achse werden Höhen und Tiefen im Lebensverlauf als positive und negative Punkte nun entsprechend dem Zeitpunkt des Auftretens (Punkte auf der x-Achse) eingezeichnet und anschließend zu einem Kurvenverlauf verbunden. Durch Beschriftungen, Symbole, Skizzen und Malen markanter biographischer Punkte und kritischer Lebensereignisse wird dem Graphen noch mehr Anschaulichkeit verliehen. Auch Name und Alter zur skizzierten Lebensverlaufskurve werden ergänzt. Bearbeitet jeder Teilnehmer ein anderes Fallbeispiel, wird bei einer abschließenden, vergleichenden Betrachtung und Analyse sichtbar, wie individuell Biographien verlaufen können trotz evtl. gleicher Voraussetzungen (Alter, Geschlecht, Wohnort, Nationalität, Migrationshintergrund, ...). Vor allem die abschließende Reflexion und Kontrastierung der unterschiedlichen Lebensverläufe sensibilisiert die Teilnehmer für Biographien, kritische Lebensereignisse, aber auch Ressourcen und Stärken anderer. Der Vorteil der Verwendung von biographischen Fallbeispielen von Migrantenkindern/-jugendlichen in der Durchführung der Biographiearbeit mit einer Gruppe von Jugendlichen mit und ohne Migrationshintergrund ist im Sinne interkultureller Förderung die Förderung der Empathie, da sich die Teilnehmer stellvertretend für das im Fallbeispiel skizzierte Kind in dessen Lebensgeschichte eindenken, einfühlen und anhand dessen Höhen und Tiefen sowie kritische Lebensereignisse, das (psychische) Belastungsrisiko sowie die Resilienz des Kindes im Fallbeispiel einschätzen müssen. Dies fördert unter anderem auch Fremdverstehen, Respekt und Toleranz gegenüber anderen. Vorurteile und vor allem Verallgemeinerungen und Generalisierungen können so frühzeitig abgebaut werden. Diese Methode eignet sich aufgrund des geforderten hohen Reflexions- und Abstraktionsniveaus eher für die Durchführung mit Jugendlichen. Als theoretische Grundlage kann ergänzend dazu das Migrationsprozess-Modell von Sluzki dienen (▶ Kap. 4.2).

Falls keine Fallbeispiele oder eigene Migrationserfahrung als Grundlage für diese Übung vorhanden sind, können u. a. folgende Medien Anregungen und Fallbeispiele liefern: Spohn 2006; Zimmermann 2005; Nienaber 2008 sowie das Migration-Audio-Archiv 2015, das Audioformate mit persönlich erzählten Migrationsgeschichten in Deutsch – teilweise ergänzend auch in der Muttersprache der Migranten – enthält.

Lebensbücher

Die sog. Lebensbücher können entweder vorgefertigte gekaufte oder selbst und individuell gestaltete Bücher, Ordner oder Heftungen sein, die über den Zeitraum von mehreren Wochen und Monaten entstehen und durch das spätere gemeinsame Betrachten und Besprechen der Lebensgeschichte zur Identitäts- und Biographiearbeit beitragen sollen. Intention der Lebensbücher ist es, dem Kind mit Unterstützung durch eine ihm nahestehende Vertrauensperson einen Zugang zu seiner Biographie zu ermöglichen und es aktiv bei der Verarbeitung und Akzeptanz der Lebensgeschichte zu unterstützen.

Selbst erstellte Lebensbücher können zusätzlich Fotos, Erinnerungen, Dokumente enthalten und sukzessive oder retrospektiv angefertigt werden. Ziel ist es, einerseits Erinnerungen festzuhalten, das bisher gelebte Leben in Text- und Bildform umzusetzen, um Nachhaltigkeit zu schaffen sowie das eigene Leben thematisch zu systematisieren oder zu chronologisieren. Übergeordnetes Ziel ist es, das eigene Leben auch als Kollektiv- und Gesellschaftsgeschichte zu verstehen, es damit umzudeuten und in einen anderen Sinnzusammenhang zu stellen. Dabei geht es um die Entdeckung und Erkundung des eigenen Ichs, der Identität und zugleich um die Wertschätzung der eigenen Individualität. Insbesondere für den Kontext des Abbaus kultureller Differenzen bzw. der Förderung bei kulturellen Differenzen dienen sie dazu, sich interindividueller und interkultureller Vielfalt bewusst zu werden, und vermitteln implizit auch soziokulturelle und gesellschaftliche Grundwerte. Hierdurch tragen sie auch zur

7.2 Kultursensible Biographiearbeit

Förderung der Integration bei und stärken Sprach- und Schreibkompetenz – nicht nur der Kinder und Jugendlichen mit Zuwanderungsgeschichte (vgl. hierzu unter anderem Memory Biografie- und Schreibwerkstatt e. V. 2009).

Wie bei allen Methoden der Biographiearbeit gelten hier insbesondere folgende Voraussetzungen beim Erstellen: Erwachsene sollten beständige, verlässliche, empathische, ehrliche und offene Bezugs- oder Vertrauenspersonen darstellen, die dem Kind bei der Erstellung helfen und es kontinuierlich begleiten. Die Erstellung eines Lebensbuches braucht ›Raum‹, d. h. ausreichend Zeit für kreative und selbstreflexive Auseinandersetzung, Raum und Platz für Gestaltung sowie Kontinuität und Regelmäßigkeit der Bearbeitung. Über allem gilt das Gebot der Vertraulichkeit und Verschwiegenheit auch bei der Erstellung der Lebensbücher.

Lebensbücher sollten über einen charakteristischen dreiteiligen Aufbau verfügen, der sich im ersten Teil dem Thema ›Das bin ich!‹ widmet, im zweiten dem Thema ›Meine Familie und ich! Meine Herkunft!‹ und im abschließenden, dritten Teil dem Thema ›Zukunft, Wünsche, Träume‹. Beispiel-Fragebögen für Lebensbücher können unter anderem folgende sein:

- ›*Mein Name*‹: Das Arbeitsblatt kann als Vorlage gestaltet sein und bearbeitbare Zeilen zu beispielsweise folgenden Fragen enthalten: Herkunft und Bedeutung des Namens, ›So nennen mich meine Eltern/Großeltern/Freunde‹, mein Spitzname, …
- ›*Meine Geburt, meine Geschichte*‹ enthält als Arbeitsblatt biographische Eckdaten wie Geburtstag (evtl. mit Uhrzeit) und Geburtsort, Namen der Eltern usw. und kann ergänzend ganz persönlich und individuell durch Zeichnungen, Fotos, Notizen und Ergänzungen der Eltern gestaltet werden bis zur Gegenwart oder lediglich für die ersten Lebenswochen und -monate. Wichtig ist hierbei allerdings in den meisten Fällen die Unterstützung durch die Eltern oder Familienangehörige, die die frühe Kindheit des Teilnehmers (evtl. sogar vor der Geburt) rekonstruieren helfen.

7 Aspekte und Methoden interkultureller Förderung anhand ausgewählter Beispiele

- ›*Ich bin ... so viel!*‹: Das Arbeitsblatt enthält bis zu zehnmal untereinander den durch den Teilnehmer dann zu ergänzenden, vorgedruckten Satzanfang ›Ich bin ...‹ und kann für das Lebensbuch mit Eigenschaften, Interessen, Fähigkeiten, Stärken, usw. vervollständigt werden.
- ›*Was ich mag, was ich nicht mag*‹ und ›*Das kann ich gut – das kann ich nicht gut*‹ sind Arbeitsblätter zur Auseinandersetzung mit Interessen, Hobbies sowie Fähigkeiten, Kompetenzen, Stärken und Schwächen.
- ›*Das Land, aus dem ich komme*‹ (Idee und Anregung bei Lattschar/ Wiemann 2007, 127 f.): Hierfür werden Informationen aus dem Herkunftsland gesammelt (subjektiv bedeutsame, ergänzend auch beispielsweise historisch relevante, politische, gesellschaftliche, geographische, ...) und auf einem Arbeitsblatt festgehalten. Für diese Übung sind vor allem bei der Durchführung mit Kindern, die keinen engen oder direkten Bezug mehr zur Herkunftskultur haben, evtl. Hintergrundinformationen der Eltern oder Großeltern nötig. Ergänzend kann eine Internet- oder Literaturrecherche über das Herkunftsland durchgeführt werden. Dies trägt meist zu einem facettenreichen Bild über die Herkunftskultur bei und auch darüber hinaus zum Austausch mit der Familie über das Arbeitsblatt und die neue Perspektive.
- ›*Mein Land, Dein Land, unser Land*‹ (Idee und Anregung bei Memory Biografie- und Schreibwerkstatt e. V. (2009)) stellt in einem Arbeitsblatt den Vergleich der Herkunfts- mit der Aufnahmekultur dar und enthält Kategorien wie Sprache, Feiern und Feiertage, Essen, Musik, persönliche Erinnerungen/persönlicher Bezug.

Beispiele für Vorlagenbücher sowie weitere Anregungen und konkrete Arbeitsblattvorschläge finden sich unter anderem in folgenden Publikationen: Ter Horst/Mohr 2011; Wiemann 2007; Lattschar o. J.; Morgenstern 2011; Memory Biografie- und Schreibwerkstatt e. V. 2009; Augustat 2010.

Kreatives Schreiben, Migrantenlyrik und -prosa

Poetry Slam

Beim sog. Poetry Slam handelt es sich um eine interaktive Form, eigens verfasste, literarische Texte – in diesem Fall mit biographischem Bezug – vor einer Gruppe zu präsentieren. Aufgrund der großen Popularität und Aktualität des Poetry Slams in der derzeitigen jugendkulturellen Szene wird er hier als Anregung und Beispiel gerade für die Durchführung der Biographiearbeit mit Jugendlichen genannt. So können im Rahmen von kleinen Poetry-Slam-Runden oder als Abschlussrunde eines Biographiearbeitszyklus z. B. Gedichte oder Texte zum bikulturellen Aufwachsen, dem ›Zweiheimisch-Sein‹ oder zu anderen interkulturellen Erfahrungen (Auslandsaufenthalt, Schüleraustausch, Auslandssemester/-praktikum, ...) erstellt und gemeinsam vorgetragen werden. Dem dem klassischen Poetry Slam genuinen Wettbewerbsmoment, nach dem abschließend ein Sieger gekürt wird, kann auch im Rahmen der Biographiearbeit Raum gegeben werden – jedoch sollte sensibel in der Teilnehmerrunde angeregt werden, dass zur Bewertung die Qualität und der Vortrag des Textes stehen, weniger die Inhalte. Ein Wettbewerb hinsichtlich der Vergleichbarkeit von biographischen Episoden und erzählten Lebensgeschichten wäre im Rahmen interkultureller oder kultursensibler Biographiearbeit kontraproduktiv.

›Ich bin ein Baum mit zwei Stämmen‹ und andere Texte aus der Migrantenlyrik

Das Gedicht ›Ich bin ein Baum mit zwei Stämmen‹ von Maria Bender und Lu Sponheimer eignet sich einerseits gut zur Analyse mit Teilnehmern interkultureller Fortbildungen, vor allem aber dient es als Inspirationsgrundlage für Teilnehmer in Biographiearbeitsgruppen, einen dem Gedicht entsprechenden Lebensbaum zu basteln bzw. zu zeichnen (siehe Kap. unten: ›Kreative, gestalterische Methoden‹).

Ergänzend eignen sich unter anderem auch Texte und Gedichte von Kemal Kurt, Alev Tekinay, Nevfel Vumart, Orhan Veli, Franco

Biondi, Ismet Elci, Zehra Çirak, László Csiba, Dragica Ragic, Habib Bektas und Öykülere Inanirim zum Lesen, Interpretieren und als Anregungen, eigenes kreatives Schreiben und künstlerisches Gestalten im Rahmen der kultursensiblen Biographiearbeit mit Kindern und Jugendlichen anzuregen. Bei den genannten Autoren geht es im Großteil ihrer Werke um Migration, Kulturwechsel, Fremdheitsgefühle, Heimat und Heimatverlust, Zweiheim-Sein, Identität und Identitätsverlust. Insbesondere durch den Einbezug dieser biographischen, literarischen Texte lässt sich bei Teilnehmern ohne eigene Migrations- und wenig fremdkulturelle Erfahrungen vor allem im Bereich der affektiven Interkulturellen Kompetenzen fördern, wenn es um Empathie, Akzeptanz und Fremdverstehen geht. Bei anderen Teilnehmern hingegen werden hierdurch die kommunikativen und sprachlichen Fähigkeiten gefördert, indem – entweder in der Muttersprache oder einer Fremdsprache – eigene Erfahrungen, Eindrücke und Erlebnisse durch in diesem Fall andere Autoren in Bildern und Metaphern ausgedrückt werden, die die Teilnehmer u. U. so nicht oder noch nicht verbalisieren können.

Kreative, gestalterische Methoden

Lebensbaum (Idee und Anregung bei Rademacher/Wilhelm 2005, 104)

Hierbei handelt es sich um eine zeichnerische, abstrahierte Auseinandersetzung mit dem Lebensverlauf, mit Vergangenheit, Gegenwart und Zukunft – symbolisiert durch einen Baum, der auf eine Papiertischdecke oder Tapetenrolle gezeichnet wird. Sehr gut eignen sich Blanko-Zeitungspapierrollenreste, die in Druckereien erhältlich sind. Dabei ist es unerheblich, ob es sich um Einzel- oder Gruppenarbeit in der Biographiearbeit handelt. Ergänzend werden Kopiervorlagen von Blättern, Blüten und Früchten benötigt, die auf buntem Papier vorgedruckt und an die Teilnehmer ausgehändigt werden können. Zur Inspiration kann vor Beginn der Übung bzw. Methode das Gedicht ›Ein Baum mit zwei Stämmen‹ vorgelesen oder an die Wand projiziert werden (siehe Kap. oben: ›Kreatives Schreiben, Migrantenlyrik und

-prosa‹). Die Teilnehmer werden aufgefordert, sich mit kulturellen Wurzeln und Einflüssen auseinanderzusetzen und ihr Leben oder das eines fiktiven Fallbeispiels in Relation dazu zu stellen. In die Wurzeln des Baumes werden dann die kulturellen Wurzeln mit Schlagworten und Assoziationen geschrieben. Der Stamm wird mit Begriffen und Assoziationen gefüllt, die einen stärken, festigen und das Fundament bilden, damit sich Äste, Blätter, Blüten und Früchte entwickeln können. Die Äste des Baumes können bestimmten Kategorien wie ›Religion‹, ›Familie‹, ›Freunde‹, ›Schule/Beruf‹, ... zugeordnet und entsprechend beschriftet werden. Diese ausgeschnittenen Blätter-, Blüten- und Früchteformen werden ebenfalls beschriftet mit zukünftigen Wünschen, Vorstellungen, Plänen, Ideen zur Weiterentwicklung und anschließend – thematisch sortiert – auf die entsprechenden Äste des Baumes geklebt. Ergänzend können auch geerntete Früchte, symbolisch für bereits erreichte Erfolge, oder heruntergefallene Blüten oder Blätter für nicht erreichte oder verwirklichte Träume, Ziele oder Wünsche ergänzt werden. Der Kreativität sind keine Grenzen gesetzt und es empfiehlt sich für die Durchführung, eher weniger Instruktionen zu geben, um der Gruppendynamik der Teilnehmer freien Lauf zu lassen und die Kreativität nicht durch zu viele Vorgaben einzuengen. Die einzige Vorgabe sollte die inhaltliche Auseinandersetzung mit dem Thema ›Kultur‹ und ›kulturellen Wurzeln‹ sein.

Die Methode eignet sich sehr gut für die Auseinandersetzung mit der eigenen Kultur im Vergleich zu anderen. Vor allem geht es inhaltlich bei der Gestaltung auch um die implizite Auseinandersetzung mit individuellen und soziokulturellen bzw. kulturspezifischen Normen und Werten. Ein Foto des Lebensbaums kann beispielsweise auch ergänzend in die Lebensbücher (siehe Kap. oben: ›Lebensbücher‹) eingearbeitet werden.

Lebenskette

Für die Erstellung von individuellen Lebensketten oder -armbändern werden Nylonfaden sowie neutrale, grüne und rote Holzperlen benötigt. Jeder Teilnehmer fädelt nun für jedes Lebensjahr entsprechend eine Holzperle auf, für normale oder ausgewogene Jahre eine neutrale, für gute eine grüne und für schwierige oder als schlecht erlebte eine rote Perle. Um bei der Durchführung in der Gruppe die Anonymität der Teilnehmer zu wahren und gleichzeitig gemeinsam im Plenum die Methode reflektieren zu können, kann man jeden Teilnehmer eine Nummer ziehen lassen, die er an einer Pinnwand wiederfindet, an die er nun seine Kette hängen kann. So kann er seine Kette im Vergleich zu den nebenhängenden Ketten anderer Teilnehmer beurteilen, ohne jedoch zu wissen, um wessen Kette es sich konkret handelt. Auch hier wird den Teilnehmern spätestens in der Reflexionsphase deutlich, wie unterschiedlich sich Lebensverläufe gestalten können und durch welche schwierigen Zeiten man selbst oder andere bereits gegangen sind. Auch für die pädagogische Leitung ist diese Reflexionsphase die Möglichkeit, genau und sensibel darauf zu achten, welche Teilnehmer wie häufig und wann zu roten Holzkugeln greifen und wie ausgewogen das Verhältnis der Farben zueinander sich gestaltet. Gegebenenfalls ergibt sich aus der Methode und dem Ergebnis heraus der Anknüpfungspunkt für ein persönliches biographisches Gespräch mit einzelnen Teilnehmern. Am Ende wird die Perlenschnur zu einer Kette oder einem Armband zusammengebunden und verdeutlicht dem Teilnehmer nun auf einen Blick symbolisch den bisherigen Lebensverlauf.

›Mapping Memories‹

Bei »Mapping Memories« geht es zentral darum, subjektiv bedeutsame Lebensstationen und Erinnerungen – chronologisch geordnet, aufeinander aufbauend oder thematisch geclustert – auf Karten zu verorten. Nachfolgend werden verschiedene Vorschläge für Umsetzungsmöglichkeiten angeboten:

1. Die erste Umsetzungsmöglichkeit stellt die geographische Verortung von Erinnerungen auf regionalen, nationalen oder Weltkarten durch Anpinnen der Lebensstationen dar. Erinnerungen werden so sichtbar gemacht, um zum biographischen Erinnern und Er-

zählen anzuregen und dieses zu strukturieren. So bildet ›Mapping Memories‹ auch ein Medium zum Austausch von Erfahrungen in der Gruppe. Darüber hinaus geht es um Systematisierung und Neukontextualisierung von Erinnerungen, die in anderem Sinnzusammenhang gesehen werden können durch Visualisierung des Lebenswegs bzw. der -stationen auf der Landkarte. Letztendlich dient die Methode natürlich auch der Dokumentation der Lebensstationen. Sie kann insbesondere Migranten bei der Rekonstruktion und Verarbeitung des Migrationsaktes helfen und im Dialog mit Jugendlichen der Aufnahmekultur diesen verdeutlichen, welche Erfahrungen Migranten sammeln. Die Methode schafft Offenheit, Respekt, Verständnis und Empathie auf Seiten der Aufnahmegesellschaft, baut Barrieren ab. Ergänzend fördert sie zudem die Reflexionsfähigkeit bei Migranten, kann helfen, Erinnerungslücken (sog. ›weiße Flecken auf der Karte‹) zu eliminieren. Allerdings ist Vorsicht geboten bei evtl. traumatisierten Flüchtlingen, für die diese Rekonstruktionsübung evtl. sog. Trigger-Reize darstellen können. Daher sollte sie bei der entsprechenden Zielgruppe hier eher im geschützten und betreuten Setting einer Therapie stattfinden.
2. Im Rahmen der Biographiearbeit kann ›Mapping Memories‹ auch als Verortung durch innere Systematisierung persönlich bedeutsamer Erinnerung verstanden werden. Die Teilnehmer entwerfen ihre ganz persönliche ›Memory Map‹, ähnlich einer Mind-Map mit bedeutsamen biographischen Episoden auf einer individuell erstellten Lebenskarte, z. B. persönlich bedeutsame Orte der Vergangenheit (Kindheit, Jugend), Orte der Veränderung oder des Umbruchs, Orte, die mit Heimat assoziiert werden oder sie an bestimmte Personen erinnern. Dabei geht es um individuelle Priorisierung, Systematisierung und Gewichtung von Lebensepisoden, die komplett frei oder zur Unterstützung mit Mind-Map-Vorlagen kreativ mit Bildern, Fotos und Beschriftungen gestaltet und zueinander in Beziehung gesetzt werden können.
3. Als dritte Umsetzungsmöglichkeit eignet sich eine (stark) vereinfachte, detailreduzierte und abstrahierte Stadtkarte des Wohnortes

mit lediglich wenigen markanten geographischen und infrastrukturellen Eckpunkten. Jeder Teilnehmer gestaltet seine persönliche Stadt, wie er/sie diese erlebt mit Farben, Lieblingsorten, Zeichnungen und Assoziationen. Werden abschließend alle individuellen Stadtkarten nebeneinander aufgehängt verglichen, zeigt sich, wie unterschiedlich sich Lebensverläufe innerhalb der gleichen Stadt oder des gleichen Stadtteils gestalten und wie auch mit gleichen Orten unterschiedliche, persönlich bedeutsame Erinnerungen verknüpft sein können. Diese Variante trägt insbesondere mit Jugendlichen der Aufnahmekultur auch zur biographischen Auseinandersetzung mit Herkunft, Zuhause und der eigenen Kultur bei sowie vor allem bei Jugendlichen mit Migrationshintergrund zur verstärkten Identifikation mit dem Wohn- und Lebensort und fördert den Austausch und den Abbau von Barrieren der beiden Gruppen untereinander.

4. Bei der Variation ›One line memory‹ werden vorbereitete Zettel verteilt, die den Satz ›Schreibe eine bedeutsame (interkulturelle) Erinnerung aus Deinem Leben in einem Satz oder einer Zeile auf‹ enthalten sowie die Möglichkeit, Ort und Zeitpunkt der Erinnerung festzuhalten. Alle Teilnehmer der Biographiearbeit-Gruppe können nun ihre individuellen Erinnerungen anonymisiert festhalten und anschließend ihren Zettel an eine Pinnwand hängen. Insbesondere im Rahmen von größeren Fortbildungen, im Rahmen interkultureller Projektwochen an Schulen oder Kinder- und Jugendfreizeiten entsteht so ein großer Fundus an ›Erinnerungsschlaglichtern‹, die von den Teilnehmern selbst immer wieder beliebig neu zu- und umsortiert werden können, z. B. durch das Zusammenheften ähnlicher Erfahrungen oder an gleichen Orten gemachter Erfahrungen. Ergänzend können Land- und Weltkarten oder hinzugefügte Fotos oder Bilder diese Collage noch plastischer machen. Abschließend können alle Teilnehmer während einer ›Vernissage‹-Runde die ›One line Memories‹ der anderen Teilnehmer lesen und sich auch gegenseitig darüber austauschen. Ähnlich wie in den im folgenden Kapitel – ›Erinnerungen lebendig halten‹ – dargestellten Erzählcafés soll hiermit vor allem zum

7.2 Kultursensible Biographiearbeit

Erfahrungsaustausch über interkulturelle Begegnungen angeregt werden. Ergänzend entsteht häufig ein Gruppengefühl, im kleinen Rahmen vergleichbar mit dem des ›kollektiven Gedächtnisses‹ – insbesondere, wenn es sich bei der Teilnehmergruppe um eine weitestgehend altershomogene Gruppe im Sinne einer Generation handelt (Methode inspiriert von Lascelles/Davidson o. J.).

Anregungen und Ideen zu mit ›Mapping Memories‹ vergleichbaren (Kunst-, Geschichts- und Kultur-)Projekten finden sich unter anderem bei Cooper 2013; Map Your Memories o. J.; Merseyside Maritime Museum o. J.; Brown University's Fox Point Oral History Collection 2015; Mapping Memories: Experiences of Refugee Youth o. J.

›Das bin ich! Das steckt in mir aus anderen Kulturen!‹

Für die Methode ›Das bin ich! Das steckt in mir aus anderen Kulturen!‹ werden große Papierbögen wie Zeitungspapierrollen oder Papiertischdecken und Stifte benötigt, alternativ für die Durchführung im Freien Straßenmalkreiden. Ein Teilnehmer legt sich auf das ausgerollte Papier und lässt seine Umrisse von anderen Teilnehmern mit den Stiften aufzeichnen. Anschließend beschriftet er seine Umrisse mit seinem Namen und schreibt in seine (Körper-)Umrisse alle kulturellen Einflüsse. Kinder und Jugendliche mit Migrationshintergrund ordnen einer Körperhälfte gerne ihre Herkunftskultur zu und der anderen Hälfte Einflüsse der Aufnahmekultur, in diesem Fall Deutschland. Wieder andere verorten ihre kulturellen Einflüsse, z. B. Metaphern entsprechend, in bestimmten Körperteilen oder -organen. Bilingualität wird dann beispielsweise als Sprechblasen dem Mund zugeordnet, Religion und Glaube dem Herzen, Normen und Werte dem Kopf, Gefühle dem Bauch, die jeweiligen kulturellen Wurzeln den beiden Beinen und Füßen oder darunter usw. Intention dieser biographischen Methode ist die Auseinandersetzung mit dem Kulturbegriff allgemein sowie konkret mit der eigenen Kultur. Für Kinder und Jugendliche mit Migrationshintergrund stellt sie ergänzend die Auseinandersetzung mit Bikulturalität und einem kulturellen, hybriden Identitätsverständnis dar, da beide kulturellen Einflüsse in einen Körper integriert werden müssen.

Erinnerungen lebendig halten

Besuche bedeutsamer Orte aus der persönlichen Vergangenheit

Um Erinnerungen lebendig zu halten und sie in die eigene Biographie entsprechend einordnen zu können, eignen sich natürlich auch Besuche bedeutsamer Orte aus der persönlichen Vergangenheit. Hier können Erinnerungen wieder aufleben, Geschichten und Anekdoten erzählt und geteilt werden. Zum anderen eignen sich diese Besuche auch dafür, die vergessene oder unbekannte Vergangenheit aufzuarbeiten und Erinnerungslücken sowie sog. ›blinde Flecken‹ zu füllen. Diese Besuche können ergänzend auch mit Fotos, Audio- oder Videoaufnahmen festgehalten werden, um sie regelmäßig anzusehen und evtl. auch mit alten Aufnahmen vergleichend zu betrachten. Wahrnehmung, Beschreibung und Dokumentation von Veränderung, Weiterentwicklung und die Auseinandersetzung mit Zeit sind zentrale Anliegen dieser Methode. Ein behutsames Vorgehen ist von besonderer Bedeutung, eine private Atmosphäre in Einzel- oder Kleingruppenbetreuung ebenfalls empfehlenswert. Bei der Durchführung dieser Methode mit Menschen mit Migrationshintergrund ist natürlich auf die hierbei erschwerten logistischen Bedingungen zu verweisen, da das Herkunftsland der Migranten nicht immer einfach und zeitnah im Rahmen von Biographiearbeit besucht werden kann. In diesem Zusammenhang kann jedoch eine Adaptation an die jeweiligen Situationen und Gegebenheiten eine sinnvolle Alternative sein: So können auch im Aufnahmeland oder dem aktuellen Wohnort Lieblingsorte oder persönlich bedeutsame Orte oder Stationen, wichtige Personen besucht, fotografiert oder im Video festgehalten werden. Durch den Einbezug alter Fotos, Fotoalben, Bilder, Dokumente, Anekdoten und Geschichten kann auch hier die zeitliche Dimension, d. h. die Veränderungsdimension zwischen Vergangenheit, Gegenwart und Zukunft, dokumentiert werden in ihrer Bedeutung für individuelle und kollektive biographische Prozesse der an der Biographiearbeit Teilnehmenden. Bezugnehmend auf den Einsatz analoger und digitaler Medien im Rahmen der Biographiearbeit können für den Kreationsprozess auch Videotagebücher, -clips oder -montagen aus archivierten und aktuellen Familienvideos eingebunden werden. Ideen und Anregungen für derartige Medienprojekte mit Kindern und Jugendlichen finden sich beispielsweise bei Niesyto (2001).

Erinnerungskiste oder -koffer

Alternativ können sog. Erinnerungskisten gestaltet werden, die Dinge enthalten, die mit der persönlichen Vergangenheit assoziiert werden und an die sich gerne erinnert wird. Bei der Auswahl der Gegenstände sind keine Grenzen gesetzt. Es sollte evtl. darauf geachtet werden, dass dabei möglichst viele Sinne angesprochen werden. Olfaktorische, visuelle, akustische oder taktile Signale und Sinneseindrücke setzen sich fest in unserem Gedächtnis, werden dort überdauernd gespeichert und sind oft assoziiert mit Personen oder Episoden aus der Vergangenheit. Beim Öffnen und Durchsuchen der Kiste sollten deshalb Erinnerungen wieder aufleben. Im Rahmen der Biographiearbeit oder bereits in der Vorbereitung können die Teilnehmer diese persönlichen, ›sinnhaften‹ (im Sinne von persönlich bedeutsamen) und ›sinnlichen‹ (die Sinne anregenden) Gegenstände sammeln. Während der Gestaltungsphase werden sie in einen persönlich gestalteten Karton gepackt und nach der Biographiearbeitsphase dem Teilnehmer mit nach Hause gegeben. Alternativ können alte Reisekoffer oder -taschen umgestaltet werden, indem Zeitpunkte, Routen und Stationen der Migration als Etiketten, Aufkleber, Fotos, selbst gestaltete Aufnäher oder Anstecker auf dem Koffer angebracht werden. Fotos, materielle Erinnerungen oder Souvenirs aus den Städten, Ländern oder aus dem Heimatort können mit im Koffer aufbewahrt werden. Auch hier handelt es sich um einen kreativen Umgang mit den Themen ›Migration‹, ›Kultur‹ und den multiplen Einflüssen, denen man im

Alltag und/oder nach einer Auswanderung begegnet. Diese Methode eignet sich aufgrund des spezifischen Fokus vor allem für die Durchführung mit Kindern und Jugendlichen mit Migrationshintergrund, mit Umzugserfahrungen oder denjenigen, die bereits längere Zeit in einem anderen Land gelebt haben.

Erzählcafés oder Erinnerungswerkstätten

Als dritte Form, Erinnerungen lebendig zu halten, haben sich in den letzten Jahren zunehmend sog. Erzählcafés oder Erinnerungswerkstätten herausgebildet, die als themenspezifische Kaffee- und Gesprächsrunden gestaltet sind und aus wöchentlichen bis monatlichen Treffen bestehen. Alternativ gibt es auch Entwürfe von Erzählcafés, die regelmäßig Gäste zu ihren Erzählrunden einladen. Intention der Erzählcafés ist es, das Zusammentreffen einer Gruppe von etwa gleichaltrigen Leuten und den Austausch der Erinnerungen und evtl. gemeinsamer Erfahrungen durch eine angenehme Gesprächsatmosphäre zu fördern. Etwas andere Varianten stellen zum einen das intergenerative Erzählcafé dar, bei dem bewusst auf Altersheterogenität geachtet wird und jede beteiligte Generation ihre Erinnerungen und Erfahrungen einbringen darf mit dem Ziel, den intergenerativen Dialog zu fördern. Zum anderen entstehen sog. Erinnerungsläden oder -werkstätten, basierend auf gleichen Prinzipien wie die Erzählcafés, jedoch themenspezifischer durch das Mitbringen z. B. bestimmter (antiquierter) Technik, alter Medien und dem Austausch darüber und über die Vergangenheit. Gerade im Zuge der Entwicklung zu multikulturellen Gesellschaften werden interkulturelle Erzählcafés gegründet, bei denen sich Menschen mit Migrationshintergrund über ihre Migrationserfahrungen und -erinnerungen austauschen können. Erzählcafés tragen durch ihre Konzeption nicht nur zum persönlichen Erinnern und zur Gestaltung der eigenen Identität bei, sondern auch zur sog. kollektiven Identität, weil alle Teilnehmer gemeinsam am ›kollektiven Gedächtnis‹ arbeiten. Darüber hinaus findet in interkulturellen Erzählcafés eine Auseinandersetzung mit kulturellen und ethnischen Identitäten statt.

7.2 Kultursensible Biographiearbeit

Anregungen und Ideen sowie weiterführende Literatur zum Thema »Biographiearbeit im interkulturellen Kontext« finden sich u. a. bei Gudjons et al. 2008; Lattschar/Wiemann 2007; Memory Biografie- und Schreibwerkstatt e. V. 2009; Miethe 2011; Morgenstern 2011; Reich 2008; Ruhe 2012; Ryan/Walker 2007; Ter Horst/Mohr 2011.

Zusammenfassend eignet sich kultursensible Biographiearbeit einerseits sehr gut für die Durchführung mit gemischt-kulturellen Gruppen, um die Auseinandersetzung mit Kultur, dem jeweiligen Verständnis von Kultur und deren Bedeutung für das Leben der Teilnehmer zu diskutieren. Durch individuelle Arbeitsphasen und die Möglichkeit zum Austausch in der Gruppe können sowohl individuelle wie auch soziale und kommunikative Fortschritte bei der Entwicklung Interkultureller Kompetenzen festgestellt werden. Durch den Einsatz von vielen sprachreduzierten oder gar nonverbalen Übungen eignet sie sich insbesondere auch für die Durchführung mit Kindern und Jugendlichen mit Migrationshintergrund, deren Sprachkenntnisse in Deutsch noch nicht so gut sind. Insbesondere für die Umsetzung mit dieser Gruppe kann Biographiearbeit eine geeignete Methode sein, sich auch mit Migrationserfahrungen auseinanderzusetzen und diesen (Um-)Bruch sinnvoll in die eigene Lebensgeschichte einarbeiten zu können.

8

Konfliktlösung und interkulturelle Mediation mit Kindern und Jugendlichen

Dieses Kapitel widmet sich der zentralen Aufgabe, kulturbedingte Differenzen, die sich in zwischenmenschlichen Konflikten äußern und eskalieren können, mithilfe interkultureller Konfliktlösung und -mediation aufzuarbeiten und zu überwinden. Zu Beginn ist daher eine differenzierte Auseinandersetzung mit dem Terminus ›Konflikt‹ essentiell als Basis für die weiteren Ausführungen zu interkulturellen Konflikten und der Konfliktlösung.

Zwei für diesen Kontext sinnvolle Definitionen zum Begriff ›Konflikt‹ liefern Becker (1989) und Besemer (1999). Becker versteht den Konflikt als »Auseinandersetzung, Belastung und/oder Schwierigkeit […], die bei der beteiligten Person – oder den beteiligten

Personen – eine emotionale, kognitive und/oder psychische Beeinträchtigung von unterschiedlicher Intensität hinterlässt« (Becker 2000, 17). Ergänzend hierzu definiert Besemer den Konflikt als eine »Situation, in der sich ›zwei scheinbar unvereinbare Standpunkte/ Handlungswünsche gegenüber stehen. Der Handlungswunsch der einen Person schließt den Handlungswunsch der anderen Person aus‹« (Besemer 1999, 14, zit. nach Mayer 2008, 23). Betroffenheit und Beeinträchtigung variieren je nach subjektiv empfundenem Grad der Dauer bzw. Intensität des Konfliktes. Je involvierter man – emotional, kognitiv, physisch, zeitlich, räumlich – in die Situation ist, desto stärker sind Leidensdruck und Grad der Beeinträchtigung.

8.1 Theoretische Grundlagen zu interkulturellen Konflikten

Nach der Definition von ›Konflikten‹ sollen nun Elemente eines Konfliktes ergänzt werden: Jeder Konflikt besitzt zunächst ein *Thema* (Worum geht es? Worin besteht der Konflikt?), ferner gibt es *Beteiligte* am Konflikt (Wer sind die Konfliktparteien? Einzelpersonen, Gruppen, Institutionen oder abstraktere größere Systeme wie Kulturen, Nationen oder Gesellschaften? In welchem Verhältnis stehen Parteien zueinander? Systeminterner Konflikt, z. B. in der Familie, oder Konflikt mit Außenkontakten?). Auch *Auslöser oder Ursache* (unterschiedliche oder konträre Wahrnehmungen, Empfindungen, Meinungen, Ansichten, Haltungen, Verhalten, Interessen, Ziele, …; erlebtes Moment der Grenzüberschreitung und Beeinträchtigung) und *Situation* spielen eine wichtige Rolle (Welche Umstände beeinflussen den Konflikt? Kontext des Konfliktes? Entsteht der Konflikt evtl. nur durch besonders ›starke‹ Situationen? Erstkontakt oder bereits längere Beziehung zueinander?). Insbesondere für den Grad der erlebten und tatsächlichen Beeinträchtigung und Benachteiligung ist es wichtig, die beiden letzten Aspekte zu beachten: einerseits den der *Sym-*

metrien und Asymmetrien (Sind die Parteien einander über- oder unterlegen in Anzahl der Beteiligten, Macht, Einfluss, Stärke, Territorialität, ...?), andererseits den Aspekt der *Subjektivität und Objektivität* (Wie wird der Konflikt wahrgenommen, erlebt, beurteilt?). Abschließend kommt das Element der *Art der Austragung* bei der Bewertung und Analyse von Konflikten hinzu (heißer oder kalter Konflikt?).

Die hier im Mittelpunkt stehenden interkulturellen Konflikte können sich sowohl als intrapersonelle Konflikte (z. B. Wertekonflikt, Rollenkonflikt, moralisches Dilemma, Identitätskonflikt, ...) wie auch als interpersonelle Konflikte (z. B. in der Familie, mit Freunden und der Peergroup sowie mit der Gesellschaft) darstellen (▶ Kap. 4.4).

Glasl (1999, 70 ff.) differenziert ergänzend in sog. *heiße Konflikte*, bei denen es sich um offen ausgetragene, konfrontative Konflikte handelt, bei denen die Beteiligten von Idealen geprägt und von ihrem Anliegen und der Richtigkeit ihrer Position überzeugt sind. In diesen seien die Konfliktbeteiligten mit übertriebenem positiven Selbstbild ausgestattet, zielten auf Konfrontation, expansiven Gewinn, den Einbezug von Sympathisanten sowie der bewussten Inkaufnahme des Schadens anderer ab. Demgegenüber gelten sog. *kalte Konflikte* eher als verdeckt ausgetragene – daher weniger dramatisch wirkende – Konflikte, die zu verborgen bleibender Desillusionierung und Frustration bei Konfliktparteien führten und durch ein fehlendes positives Selbstbild charakterisiert werden könnten, das nur noch durch Kontrastierung zum Gegner bestimmt sei. Hier käme es dann zum finalen Erliegen der direkten Kommunikation. Zynismus, Sarkasmus und subtile Beleidigungen hingegen finden häufige Anwendung (vgl. Glasl 1999, 73 ff.). Besonders emotional und beziehungsorientiert kommunizierende Kulturen (▶ Kap. 2.3.6) tendieren daher beispielsweise auch vermehrt zu heißen Konflikten. Auch aus diesem Hintergrund heraus ist die Systematik von Glasl interessant für den interkulturellen Kontext.

Eine andere Differenzierung nimmt Moore (1996, 60 ff.) mit seiner sog. ›conflict map‹ hinsichtlich der Einteilung der Konfliktarten vor. Er unterteilt folgende fünf Arten eher auf inhaltlicher Ebene: Ursache

8.1 Theoretische Grundlagen zu interkulturellen Konflikten

der *Beziehungskonflikte (relationship conflicts)* seien beispielsweise starke affektive Reaktionen oder Gefühle, mangelnde Kommunikation oder Kommunikationsfähigkeit sowie Missverständnisse. *Wertekonflikte (value conflicts)* hingegen basierten u. a. auf divergenten Lebensweisen, Werten, Normen, Einstellungen und Ideologien. *Strukturkonflikte (structural conflicts)* beinhalteten strukturelle Benachteiligung einzelner, »ungleiche Macht- und Ressourcenverteilung«, Hierarchien, Diskriminierung, Unterdrückung sowie externe »Kooperationshindernisse« (Mayer 2008, 44). Bei *Interessenkonflikten (interest conflicts)* lägen divergente Interessen, Wettbewerb und Konkurrenzsituationen zugrunde und *Sachverhalts- oder Interpretationskonflikte (data conflicts)* entstünden durch ein unterschiedliches Informationsniveau, durch Informationslücken sowie fehlerhafte Informationen bzw. Interpretationen (vgl. Moore 1996, 60 ff.). Alle Arten besitzen Relevanz für den interkulturellen Kontext.

Die bisher ausgeführten Differenzierungen und Präzisierungen der theoretischen Auseinandersetzung mit dem Themenkomplex »Konflikt« fokussieren primär strukturelle Elemente. Nachfolgend erfolgt eine genauere Auseinandersetzung mit Eskalationsdynamiken in Konflikten.

Nicht nur die verschiedenen Arten von Konflikten und dementsprechende, mögliche Systematisierungen verdienen besondere Aufmerksamkeit, sondern auch das als flexibel zu interpretierende Modell von Glasl (1999, 215 ff.) zur Konflikteskalation, das dieser jedoch ausschließlich aus westlicher Perspektive formulierte. Gerade im interkulturellen Kontext bedarf es einer Überprüfung, ob die neun Stufen der Eskalation kulturübergreifend für Konflikte gültig sind oder ob es sich hierbei ausschließlich um ein kulturspezifisches Modell handelt, das sich nicht auf alle Konflikte weltweit transferieren lässt. Dennoch enthält das Modell konstruktive Anregungen zur sukzessiven Eskalation von Konflikten und vermag vor allem auf den ersten Stufen Beteiligte frühzeitig zu sensibilisieren, denn in der individuellen Wahrnehmung der Parteien differiert der Beginn oft stark und die ersten Schritte werden nicht als Teil des eskalierenden Konfliktes identifiziert.

8 Konfliktlösung und interkulturelle Mediation mit Kindern und Jugendlichen

Glasl (1999, 215 ff.) abstrahiert die Konflikteskalation auf drei aufeinander aufbauenden Ebenen mit jeweils drei feiner differenzierten Stufen, bezeichnet als ›win-win‹-Ebene, ›win-lose‹-Ebene und ›lose-lose‹-Ebene, die jeweils den Ausgang für die Konfliktparteien bezeichnen.

- ›*Verhärtung*‹ (Stufe 1): Alltägliche Spannungen, z. B. gelegentliches Aufeinanderprallen von Meinungen und konträren Interessen, als Beginn eines Konflikts, der jedoch oft nicht wahrgenommen wird.
- ›*Debatte*‹ (Stufe 2): Verbaler und bereits emotionaler Diskurs, geprägt davon, dass Beteiligte sich gegenseitig mit ihren konträren, oft rigiden Positionen konfrontieren. Überzeugungsversuche, Unter-Druck-Setzen sowie Suggestion finden Anwendung.
- ›*Taten statt Worte*‹ (Stufe 3): Konfliktpartner erhöhen den Druck aufeinander, Misstrauen wächst, der Konflikt verschärft sich; häufig bereits Kommunikationsabbruch zugunsten einer Handlungsorientierung.
- ›*Images und Koalitionen*‹ (Stufe 4): Einbezug von Sympathisanten für Koalitionen und Allianzen gegen Gegner; es geht nicht mehr um die Sache, sondern darum, den Konflikt zu gewinnen, damit der Gegner verliert.
- ›*Gesichtsverlust*‹ (Stufe 5): Interesse, den Gegner zu vernichten durch Ausweitung auf persönliche Ebene; Einsatz von Verleumdungen und Gerüchten, Verwurf moralischer Prinzipien.
- ›*Drohstrategien*‹ (Stufe 6): Instrumentalisierte Drohungen gegen andere Konfliktpartei und deren Umfeld; Machtdemonstration durch Androhung von Sanktionen; Kontrollverlust aufgrund der Komplexität des Konflikts (Ultimaten, nur noch ›entweder – oder‹-Lösungen).
- ›*Begrenzte Vernichtungsschläge*‹ (Stufe 7): Entwürdigung und Entmenschlichung des Gegners als akzeptierte Mittel; begrenzter eigener Schaden einkalkuliert, solange Verlust für den Gegner größer ist; Bedeutungsverlust von Regeln und Konventionen (Anomie).

8.1 Theoretische Grundlagen zu interkulturellen Konflikten

- ›*Zersplitterung*‹ (Stufe 8): Vernichtung des Gegners und dessen Identität bei eigenem Überleben.
- ›*Gemeinsam in den Abgrund*‹ (Stufe 9): Eigene Vernichtung mit einkalkuliert, um Gegner zu vernichten; Motto:»kein Weg mehr zurück« (ebd., 219).

Die achte und neunte Stufe treten häufiger in makro- denn in mikrosystemischen Kontexten auf, z. B. wenn sich zwei Nationen miteinander im Krieg befinden (vgl. ebd., 276 ff.).

Haumersen & Liebe liefern mit ihrem Drei-Ebenen-Modell der Eskalationsdynamiken interkultureller Konfliktsituationen eine analytische Auseinandersetzung im Bereich der Ursachenforschung (Konfliktentstehung) und damit auch potentielle Lösungsansätze. Es stellt eine sinnvolle Ergänzung zu Glasl dar, da es sich explizit interkulturellen Konflikten widmet und auf deren noch höhere Komplexität verweist.

Die erste Ebene wird als *kommunikationspsychologisch-strategische Ebene* definiert mit Ausprägungen »kultureller und individueller Identitätsbildung«, »der Überprüfung von Hierarchien als Ursache von Konflikten« sowie »der Einigung auf den Konfliktgegenstand«. Die zweite Ebene wird als *politisch-ideologische Ebene* bezeichnet mit den Subskalen der »Anfälligkeit für Ethnozentrismus« sowie »Vorurteile und Stereotype als Erklärungsmuster«. Die dritte Ebene markiert die *verhaltensorientierte Ebene*, wobei zwischen den Subtypen »Verhaltensunsicherheit« und »Nicht-Einschätzbarkeit des Gegenübers« differenziert wird (Haumersen/Liebe 2005, 74 ff., zit. n. Mayer 2008, 57 ff.). *Auf der ersten Ebene* ist Kultur eine Dimension, ein Einflussfaktor von mehreren im Konflikt, wird jedoch häufig dominant und vordergründig wahrgenommen als Problem. Es gilt also, auch einen interkulturellen Konflikt darauf hin zu untersuchen, ob Kultur tatsächlich einen erheblichen Teil des Konfliktthemas ausmacht oder ob es z. B. nur um interindividuelle Differenzen geht. Auch *auf Ebene zwei* wird dem Kulturbezug bei Konflikten angemessen Rechnung getragen, indem die Subskalen für die Gefahr des Ethnozentrismus sensibilisieren und vor Generalisierungen nach einmalig gemachten negativen Erfahrungen warnen. Abschließend findet Kultur auch *auf Ebene drei* des Modells Berücksichtigung, indem individuelle Unsicherheit in interkulturellen sozialen Situationen schnell zu Konflikten führen kann. Durch die Herauslösung aus dem gewohnten, kulturell normativen Setting bewegen sich die Konfliktbeteiligten nicht auf sicherem Terrain. Kann ein interkultureller Konflikt nun eindeutig ursächlich dieser Ebene zugeordnet werden, so muss entweder der Aufbau von Sicherheit und Souveränität im eigenen Verhalten als eine Lösungsmöglichkeit erwogen oder das Verhalten des Gegners transparenter, verständlicher werden.

Nachdem die Eskalation von Konflikten beleuchtet wurde, gilt es nun ausführlicher der Frage nach Konfliktauslösern speziell im interkulturellen Kontext und unter Bezugnahme auf ausgewählte Autoren nachzugehen.

8.2 Typisierung von Auslösern in interkulturellen Konflikten

Die folgenden Ausführungen versuchen, für Ursachen zu sensibilisieren, erheben dabei aber keinen Anspruch auf Vollständigkeit. Sie stellen vielmehr Überlegungen dar, worin das Konfliktpotential interkultureller Konflikte liegen kann, und stellen sich der Frage, warum gerade das Aufeinandertreffen von Menschen aus mehreren Kulturen evtl. ein größeres Potential für die Entstehung und Verschärfung von Konflikten in sich birgt.

Zu den generellen Konfliktauslösern, wie sie in Kapitel 8.1 einleitend beschrieben werden, kommt in interkulturellen Konfliktsituationen die kulturelle Komponente, was diese Konflikte einerseits komplexer macht und andererseits häufig dafür sorgt, dass ihr als dominantem Punkt fälschlicherweise zu viel Bedeutung beigemessen wird. Ergänzend ist in jedem interkulturellen Konflikt auch die situative Komponente nicht zu vernachlässigen, die den Konfliktverlauf beeinflusst. Spezifische Auslöser bzw. Hintergründe inter- und intrapersoneller interkultureller Konflikte könnten darüber hinaus Grunddilemmata im Zusammenhang mit bikultureller Sozialisation, Selbst- und Fremdethnisierung, spezifischen Kommunikationsproblemen, aber auch migrationsbedingtem Stress, Wertediskrepanzen und mangelnder Interkultureller Kompetenz stehen. Ferner können Emotionen wie Scham und Schuld (vgl. Marks o. J.) oder konträre kulturdimensionale Ausrichtungen wie Individualismus und Kollektivismus (vgl. Hesse 2001) Konfliktauslöser sein. McDonald verweist zudem auf Identitätsbedürfnisse als Ursache, die gerade für bikulturell sozialisierte Menschen von Bedeutung sein können: Sinn im Leben, Zugehörigkeit zur Gemeinschaft und Kultur (interkulturelle Irritationen), Sicherheit, Handlungsfreiheit, Anerkennung (der Person und der eigenen Lebenswelt) sowie Werte und Bedürfnisse (vgl. McDonald 2009). Auslöser interkultureller Konflikte könnte man in sechs Kategorien einteilen, wobei anzumerken ist, dass es sich immer um multifaktorielle Zusammenhänge handelt und die situative Komponente stets Berücksichtigung finden sollte:

1. **Faktische Unterlegenheit einer oder mehrerer Gruppen**

Diese Konflikte beruhen auf dem Prinzip der meinungsbildenden Dominanz der Majoritätskulturen, welche in Diskussionen auch als Dominanz- oder Leitkulturen bezeichnet werden. Auch die Entscheidungsbefugnis liegt mehrheitlich in ihrer Hand, was im Umkehrschluss einen fehlenden bzw. geringen Einfluss der Minderheiten bedeutet. Das Dominanzstreben der Majoritätskulturen wird dann naheliegenderweise als Ursache für den Kulturkonflikt angeführt. Dementsprechend fordert beispielsweise die Mehrheitskultur Anpassung und Assimilation von der Minderheitskultur, mit der Konsequenz, diese bei Missachtung ansonsten sozial auszugrenzen oder zu isolieren. Auch Clarke et al. verweisen auf dominante und abhängige Kulturen und deren hierarchisches Verhältnis zueinander (vgl. Clarke et al. 1979, 44, zit. n. Nieke 2008, 65).

2. Ethnozentrische Anschauungen

Der der Ethnologie entstammende Terminus des ›Ethnozentrismus‹ wurde unter Bezug auf Maletzke (1996) bereits in Kapitel 4.5 erläutert und verweist in seiner Definition aufgrund des Beurteilungsaspektes fremder Kulturen aus der eigenen heraus sowie der dementsprechenden Be- und Abwertung bereits auf erhebliches Konfliktpotential.

3. Angenommene, ideologisch fundierte Ungleichwertigkeit (Rassismus, Fremdenfeindlichkeit)

Ein nicht selten auftretender Effekt ist die Entwicklung von Vorurteilen, Stereotypen, (irrationalen) Angst- oder Hassgefühlen gegenüber Fremdgruppen oder ethnischen Minderheiten, die als Bedrohungs- und Überfremdungsszenarien hochstilisiert, kommuniziert und verbreitet werden und die in letzter Konsequenz Rassismus, Fremdenfeindlichkeit und Gewalt legitimierend wirken können. Vorurteile entstünden nach Blumer, indem eine übergeordnete Gruppe Gefühle der Überlegenheit, Gefühle des Anders- oder Fremdseins gegenüber der anderen Gruppe, die empfundene, privilegierte Position der eigenen Gruppe sowie Angst der Bedrohung der eigenen Position durch die andere Gruppe empfände (vgl. Blumer 1958, zit. n. Baur et al. 2010, 6). Dieser Strategien bedienen sich vor allem rechtsextreme Organisationen und Parteien, indem sie Fremdenangst und -hass durch übertriebene, stilisierte Überfremdungs- und Bedrohungsszenarien schüren. Zudem kann sich Angst vor Fremdem, Unbekanntem im Sinne der bereits erläuterten Xenophobie (vgl. Han 2007; ► Kap. 6.5.4) entwickeln.

4. Wahrnehmbare Unterschiede in Aussehen und Verhalten

Wachsende kulturelle Heterogenität und Vielfalt in Deutschland, die unzählige Vorteile und Potentiale in sich bergen, stellen allerdings auch Herausforderungen an das zwischenmenschliche Zusammenleben, damit ein harmonisches Miteinanderleben statt eines konfliktbehafteten und -belasteten Ko-Existierens erreicht werden kann.

8.2 Typisierung von Auslösern in interkulturellen Konflikten

Durch den großen Anteil an Zuwanderern ergeben sich folgende neue Herausforderungen: Die kulturbedingt erhöhte Diversität bezüglich der aufeinandertreffenden Erscheinungsbilder und Äußerlichkeiten, Pluralität der Sprachen, Religionen und Glaubensrichtungen, divergenter Werte und soziokultureller Normen, unterschiedlicher Wahrnehmungen von und Reaktionen auf Situationen, Verhaltensmustern und Kommunikationsstilen erhöht die Komplexität der interkulturellen Interaktion und u. U. auch das Konfliktpotential. Je gravierender die kulturellen Unterschiede anhand der Identifikation durch die Kulturdimensionen (▶ Kap. 2.3) von den Betroffenen wahrgenommen werden, desto schwieriger werden subjektiv von den Beteiligten auch das Zusammenleben sowie die Zusammenarbeit erlebt und desto größer das Konfliktpotential eingeschätzt (vgl. Gundelach/Traunmüller 2010, 318). Personen, die äußerlich als ›anders‹ oder ›fremd‹ eindeutig und auf den ersten Blick identifizierbar sind, werden aufgrund von (vorgeschobenen) Gründen oder dieser äußerlich wahrnehmbaren Unterschiede ausgegrenzt. Des Weiteren werden Personen oder Personengruppen, die sich anders verhalten, von der Gruppe der Mehrheit evtl. ausgeschlossen oder anders behandelt. Sie werden innerhalb der kulturell homogenen Gruppe oft als ›Eindringlinge‹, ›Fremdkörper‹ oder als Bedrohung wahrgenommen (vgl. Han 2007). Diese Fremdwahrnehmung und -beurteilung und die damit verbundene Sonder- evtl. auch Schlechterstellung und -behandlung kann dann auf Seiten der Fremdgruppe wieder zu emotionalen Reaktionen wie Wut, Frustration, Aggression, aber auch Angst führen. Beides bringt enormes Konfliktpotential mit sich. Im Sinne der Kontakthypothese (vgl. Allport 1971; ▶ Kap. 6.5.4) muss es hier zu erfolgreichen, freiwilligen und überdauernden Kontakten und Interaktionen kommen, um diese Barrieren abzubauen.

5. Gruppenzugehörigkeit

Auch die Theorie der sozialen Identität nach Tajfel & Turner bringt hier sinnvolle Erkenntnisse ein, die das entstehende Konfliktpotential zwischen zwei Gruppen beleuchtet. Sie differenziert Gruppen nach dem Kriterium der Zugehörigkeit der Mitglieder in In- und Out-Group. Mit der Gruppe, der man angehört (In-Group), identifiziert man sich stark, bildet gewissermaßen eine Gruppenidentität aus, wertet die eigene Gruppe dementsprechend auf und distanziert sich von der Out-Group, der Fremdgruppe. Diese wird kategorisch abgewertet oder entwertet, was wiederum Ausgrenzung, Diskriminierung oder auch Gewalt gegenüber der Out-Group legitimiert. Zudem gehen die Bestrebungen der Mitglieder dahin, die In-Group zu stärken und zu stabilisieren (vgl. Tajfel & Turner 1986).

6. Soziale Ungleichheit, Ressourcenknappheit und Ziel-Mittel-Diskrepanzen trotz ideologischer Gleichwertigkeit

Ungleiche Bildungschancen und damit verbundene soziale Aufstiegschancen, drohende oder tatsächliche Arbeitslosigkeit, Armut oder Armutsgefährdung sowie Abhängigkeit von sozialen Leistungen können einerseits als Risikofaktoren für die psychosoziale Entwicklung des Menschen ausgemacht, andererseits auch als potentielle Auslöser von Konflikten identifiziert werden, da Chancenungleichheit und Ressourcenknappheit immer auch zu Streit, Konflikten oder im extremsten Fall zu Überlebenskämpfen führen können. Ergebnisse aus Studien (vgl. BMAS 2014) belegen, dass Menschen mit Migrationshintergrund gehäuft unter diesen Risikofaktoren leiden und sie bei ihnen potenziert auftreten, was die Partizipation am gesellschaftlichen Leben hemmt. Zunehmender Wettbewerb und Konkurrenzdruck lösen dann auf sozialen Miseren basierende Konflikte aus, die sich auch in vordergründigen, interkulturellen Szenarien spiegeln (vgl. Nieke 2008, 67). Dies setzt primär ideologisch eine Gleichwertigkeit und -berechtigung der auftretenden Kulturen voraus, aber ungleich verteilte Mittel zur Zielerreichung (vgl. ebd., 68). Merton bezeichnet in diesem Kontext die Ziele als »cultural defined goals« (durch Kultur bestimmte Werte und erstrebenswerte Ziele) und Mittel als »acceptable modes of reaching out for these goals« (akzeptierte Mittel zur Zielerreichung) (vgl. Mintzel 1997, 73). Hierin zeigt sich natürlich auch eine kulturelle Variabilität hinsichtlich der Ziele und Mittel, die Auslöser von Konflikten sein kann.

8.3 Wahrnehmung und Analyse interkultureller Konflikte mit Kindern und Jugendlichen

Zentrales Element bei der Bearbeitung von Konflikten ist das *Wahrnehmen der Situation und des Problems* der beteiligten Konfliktparteien. Für Entstehung von und Verhalten in Konflikten im alltäglichen Leben der Kinder und Jugendlichen zu sensibilisieren stellt dabei bereits den ersten Schritt zur Wahrnehmung und Bearbeitung von Konflikten dar.

Die nachfolgend dargestellten Interaktionsübungen widmen sich vor allem der Analyse und Aufarbeitung von Konflikten, wobei ein Ausgleich zwischen spezifischen Übungen zur Selbstwahrnehmung und -reflexion und allgemeinen, analytischen Ansätzen stattfinden sollte, die, systemisch betrachtet, eher an der Situation und am Prozess der Konflikteskalation arbeiten. Grundlegend sollte bei der Förderung mit allgemeineren Beispielen begonnen werden, die zwar einerseits anschaulich genug sind, den Bezug zur Lebenswelt (bekannte Situationen im Alltag, im schulischen Kontext, im Freundeskreis) herzustellen, andererseits jedoch abstrakt genug, um nicht mit stark emotional besetzten konkreten interkulturellen Konfliktbeispielen beginnen zu müssen, die die Kinder und Jugendlichen selbst gerade erleben oder erlebt haben.

Übung: ›Ist das bereits ein Konflikt für Dich?‹

Mit einfachen Impulsfragen wie ›Ist das bereits ein Konflikt für Dich?‹ anhand von vorgelesenen Beispielkonflikten und dem anschließenden Austausch innerhalb einer Gruppe beginnt die Sensibilisierung jedes Einzelnen für den Beginn von Konflikten, aber auch für

Wahrnehmungen anderer, die je nach Beispielkonflikt unterschiedliche Ansichten haben können. Eine anschließende Diskussionsrunde stellt klar heraus, wie subjektiv Wahrnehmung innerhalb von Konfliktsituationen, vor allem hinsichtlich des Beginns, der Intensität und der Bedeutung des dargestellten Konfliktes sein können und wie hilfreich bereits der gegenseitige Austausch zur Analyse und Bearbeitung von Konflikten sein kann. Ein interkulturelles Beispiel hierzu stellt das konträr interpretierte Verhalten von Scham- und Schuldkulturen (▶ Kap. 2.3.3) innerhalb von schambesetzten Konflikten dar. Ein Einlenken oder Entgegenkommen im Konflikt kann – je nach kultureller Perspektive – einerseits als Schwäche interpretiert werden, andererseits als respektvolle Handlung, um einen möglichen Gesichts- und Ehrverlust zu vermeiden.

Übung: Das interkulturelle Verhaltens-Fenster (adaptierte Methode)

Eine gute Methode, sich seine eigene Ambiguitätstoleranz zu vergegenwärtigen und bewusst zu machen, ist eine Adaption des sog. Verhaltens-Fensters nach Gordon (vgl. u. a. 2005). Er beschreibt die eigene Wahrnehmung metaphorisch mit dem Blick durch ein Fenster. Alles, was durch dieses vom Gegenüber wahrgenommen wird, ordnen wir ein in die dichotome Kategorie des ›annehmbaren‹ und ›nicht annehmbaren‹ Verhaltens. Die Grenze zwischen beiden ist je nach personalen, interaktionistischen, situativen und kulturellen Faktoren variabel zu sehen und flexibel zu justieren. Je sympathischer einem eine Person z. B. ist, desto größer wird der Bereich der »annehmbaren Verhaltensweisen« in der Beurteilung ausfallen (vgl. u. a. Gordon 2005). Basierend auf dieser theoretischen Vorüberlegung lässt sich gerade im Bereich der (interkulturellen) Konfliktbearbeitung folgende Übung daraus entwickeln:

Jedem Beteiligten steht ein leeres Blatt Papier zur Verfügung, das hochkant vor ihm liegt und das Fenster symbolisieren soll. Nun sollen in der oberen Hälfte die beim Gegenüber auftretenden ›annehmbaren‹, in der unteren die ›nicht annehmbaren‹ Verhaltensweisen aufgeschrieben und abschließend eine gestrichelte Linie zwischen beiden

Bereichen gezogen werden. Jeder erhält so ein individuelles Abbild seiner eigenen Fremdwahrnehmung und Ambiguitätstoleranz, indem die Linie bei jedem unterschiedlich hoch oder tief das Blatt in zwei Hälften teilt. Es lassen sich jedoch zwei Interpretationsmöglichkeiten bzgl. des Verhaltens-Fensters erkennen. Zum einen könnte eine große Spanne an ›annehmbaren‹ Verhaltensweisen, kombiniert mit einer geringen Spanne an ›nicht annehmbarem Verhalten‹ auf eine sehr tolerante Person hinweisen, im umgekehrten Fall auf eine sehr intolerante Person. Zum anderen zeigt sich bei der mehrmaligen Wiederholung der Bearbeitung eines leeren Blattes nach dem gleichen Schema mit jedoch kulturell stark unterschiedlichem Gegenüber, das zur Beurteilung herangezogen wird, wie nah bzw. ähnlich sich manche Kulturen sind und dass wir, je näher eine andere Kultur der eigenen ist, mehr ›annehmbare Verhaltensweisen‹ bei ihr finden als bei einer Kultur, mit der wir wenig Parallelen ausweisen können. Diese Übung erweist sich vor allem als sehr sinnvoll im interkulturellen Kontext, da sie eine Auseinandersetzung mit der eigenen Ambiguitätstoleranz fördert, indem sich primär erst einmal damit auseinandergesetzt wird, was wir als ›annehmbares‹ und ›nicht annehmbares Verhalten‹ bei Personen anderer Kulturkreise identifizieren und darauf aufbauend akzeptieren und tolerieren können. Ferner entsteht daraus eine fruchtbare Grundlage für eine Diskussion über das Fremdverstehen und das Aushalten-Können von kultureller und individueller Differenz.

Wahrnehmungsübung zu Territorialität im Kulturvergleich

Aufbauend auf den Ergebnissen von Hall (1976; 1990) zur kulturspezifischen Proxemik (▶ Kap. 2.3.4) können als Einstieg Wahrnehmungsübungen zu Territorialität im Kulturvergleich gemacht werden. Insbesondere aus Situationen der Grenzüberschreitung und der Übergänge der verschiedenen Distanz-Stufen ergeben sich anschauliche Übungen, die eigene Wahrnehmung und eigenes Verhalten transparent machen. Die Teilnehmer der Gruppe sollen sich paarweise im Abstand etwa der sozialen Distanz (1,2–3,5m) gegenüberstehen, Blickkontakt aufnehmen, dauerhaft halten und langsam aufeinander zugehen, bis für jeden einzelnen subjektiv die Grenze des ›angenehmen‹ zum ›unangenehmen Abstand‹ erreicht ist. Zentral dabei ist, seine individuelle Grenze zu erkennen und gleichzeitig sensibel ohne verbale Kommunikation die Grenze des anderen wahrzunehmen und zu respektieren. In dieser Position soll kurz verharrt werden, um vergleichen zu können, ob andere Paare ähnliche Abstände eingenommen haben. Bei der anschließenden Reflexion in der Gruppe ist z. B. festzustellen, dass die intime Distanz leichter erreicht und gehalten wird, je besser sich die Paare kennen. Bei gemischtgeschlechtlichen Paaren findet sich erwartungsgemäß tendenziell etwas mehr Abstand zueinander, je jünger die Gruppe ist, desto mehr. Bei interkulturellen Paaren sind oftmals Aushandlungskompromisse festzustellen, die ihren Ursprung in subjektiv und kulturbedingt sehr unterschiedlich erlebten Distanzgrenzen haben. So nehmen Chinesen und Japaner größere Abstände als angenehm war, während südländische und lateinamerikanische Kulturen weniger Abstand benötigen. Interessant sind zudem stattfindende Distanzierungsmechanismen wie das Abwenden der Oberkörper und Arme, um sich so gewissermaßen etwas Freiraum zu geben. Noch häufiger ist allerdings das Abwenden des Blickes beim Übertreten der persönlichen in die intime Distanz durch Blick auf den Boden, an die Decke oder zur Seite. Gerade mit diesem Aspekt zeigt sich eine weitere kulturspezifische Verhaltensweise, auf die bereits Hall (1976; 1990) aufmerksam gemacht hat: Dauer und Intensität des Blickkontaktes sind etwas Kulturspezifisches.

›Anatomie des Konflikts‹ (mit Variationen)

Eine weitere, besonders anschauliche Methode, mit Kindern und Jugendlichen Konflikte zu bearbeiten und zu analysieren, ist die sog. ›Anatomie des Konflikts‹. Hierbei wird auf ein eigentlich therapeutisches Instrument der Aufstellung zurückgegriffen, indem an vorgegebenen, interkulturellen Fallbeispielen die Eskalation eines Konfliktes anhand des Eskalationsmodells nach Glasl (▶ Kap. 8.1) in

8.3 Wahrnehmung und Analyse interkultureller Konflikte

einzelnen Momentaufnahmen dramaturgisch-pantomimisch dargestellt wird. Kinder und Jugendliche beleuchten Schritt für Schritt die Eskalation eines Konfliktes an einem fiktiven Beispiel aus verschiedenen Perspektiven, stellen diese dar und ›frieren‹ die jeweiligen Stadien der Eskalation kurz ›ein‹ durch Innehalten oder durch Fotografieren der Momentaufnahmen. Die Fotos können anschließend ausgedruckt und auf ein Plakat geklebt werden. Ergänzend können noch Dialoge in Sprechblasen dazugeschrieben oder gemalt werden.

Eine genaue Besprechung des Projektes anhand der schrittweisen Analyse des Konfliktes ermöglicht Diskussionen über mögliche Interventions- oder Konfliktlösungsmöglichkeiten auf jeder einzelnen Stufe.

Eine didaktisch andere Methode, Konflikte schrittweise aufzuarbeiten, sind die *Stationengespräche*. Die Gruppe, die die einzelnen Stationen des Konfliktes analysiert, teilt sich selbst auf und bestimmt für jede Stufe des Konfliktes einen Sprecher. Diese stellen sich nacheinander in einer Reihe auf. Die Zuhörer laufen nun stationsweise von einem Kind zum nächsten (von einer Eskalationsstufe zur nächsten), lassen sich über die jeweilige Stufe informieren und diskutieren mit dem jeweiligen Repräsentant der Gruppe über Möglichkeiten der Konfliktlösung auf dieser Stufe. Abschließend kann der Moderator die Gruppe der Zuhörer auffordern, sich zu dem Repräsentant der Eskalationsstufe zu stellen, an der sie selbst gerne den Konflikt gelöst hätten oder an der die für sie effektivste Konfliktlösungsstrategie angewandt wurde.

Eine letzte Möglichkeit der schrittweisen Aufarbeitung von Konflikten bedient sich *Methoden des Improvisationstheaters*, bei dem eine kleinere Gruppe ein als Impuls gegebenes Fallbeispiel zu einem Konflikt anspielt und auf Zuruf Ideen der Gesamtgruppe mit einbaut. Ein ausgewählter Teilnehmer bestimmt durch ein akustisches Signal den Zeitpunkt des Wechsels, ab dem gemeinsam an der Konfliktlösung gearbeitet wird. Eine Variation dieses Konflikt-Improvisationstheaterspiels ist die Möglichkeit, dass zuschauende Teilnehmer jederzeit aktiv mit in das Konflikt-Spiel eingreifen und ihre Ideen durch aktives Spielen einbringen können, indem sie einen aktiven

Spieler durch Antippen ablösen. Diese Variante fördert das Eindenken, Einfühlen und Einleben in die jeweilige Konfliktrolle durch das aktive Durchspielen der Konfliktsituation und Lösungsstrategien. Gerade der Transfer des fiktiven Beispiels auf konkrete reale Konfliktsituationen gelingt leichter, wenn Handlungs- und Lösungsmöglichkeiten praktisch eingeübt und erprobt werden. Von elementarer Bedeutung bei der Rollenspielvariation ist die anschließende Besprechung und Reflexion des dargestellten Beispiels mit allen aktiv und passiv Beteiligten.

Bezüglich der Reflexion von fiktiven oder real aufgearbeiteten Konfliktsituationen gilt es vor allem im interkulturellen Kontext, sich stets des eigenen Ethnozentrismus und der kulturellen Gebundenheit bewusst zu werden. Das heißt, je nach kultureller Zugehörigkeit werden unterschiedliche Konfliktlösungsmöglichkeiten erarbeitet und favorisiert. Diese sollten aber nicht aus der eigenen kulturellen Perspektive als ›besser‹ oder ›schlechter‹ als andere bewertet werden, sondern sind je nach situativem oder kulturellem Hintergrund und je nach kultureller Prägung der Beteiligten die favorisierten. Gerade in der interkulturellen Konfliktlösung und Mediation gilt es hier kultursensibel zu vermitteln und eine Bewertung der einzelnen Ansätze hintanzustellen.

Weitere Beispiele für Übungen, die sich auch für die Bearbeitung interkultureller Konflikte eignen, sowie Fallbeispiele finden sich u. a. bei: Busch & Witte 2010; Mayer 2008; Bertels & Hellmann De Manrique 2011; Kumbier & Schulz von Thun 2008.

8.4 Förderung interkultureller Kommunikation in Konflikten

Eine wesentliche Rolle im Konfliktverlauf und bei der Lösung derselben fällt der zwischenmenschlichen Kommunikation zu, deren Komplexität durch den interkulturellen Kontext noch gesteigert wird. Daher

8.4 Förderung interkultureller Kommunikation in Konflikten

ist es von elementarer Bedeutung, sich bei der Konfliktlösung und Mediation vermehrt auch der Förderung Interkultureller Kompetenz der interkulturellen Kommunikation zuzuwenden. Interkulturelle Kommunikationsfähigkeit kann nach Göhring definiert werden als die

»Fähigkeit, mit Angehörigen einer fremden Kultur (Zielkultur) in eine ›Reziprozität der kommunikativen Handlungen im Sinne eines gegenseitigen Austauschs‹ einzutreten, die ›Verständigung‹ und ›Verstehen‹ in einem Ausmaß zur Folge hat, wie es auch bei der Kommunikation zwischen zwei Angehörigen der Zielkultur gemeinhin erwartet werden könnte.« (Göhring/ Kelletat 2007, 72)

Eine häufig auftretende Strategie in interkulturellen Konflikten ist die ›*Kommunikative Dominanz*‹ als Ursache interkultureller Konflikte. Dies kann sowohl im verbalen Verhalten in Form von Wortwahl, Ausdruck und Eloquenz sowie Komplexität des Gesagten ausgedrückt werden als auch im non- und paraverbalen Verhalten durch Körperhaltung, Mimik, Gestik, Proxemik und Territorialität (Körpernähe und -kontakt sowie raumeinnehmendes Verhalten), Blickverhalten/-kontakt, Gesprächslautstärke, Redeanteil, ›ins Wort fallen‹, Sprechgeschwindigkeit, gezielt eingesetzte Gesprächspausen oder durch andere besondere Betonungen. Insbesondere in Werte- oder Beziehungskonflikten zeigt sich die hohe Emotionalität der Beteiligten im verbalen und vor allem nonverbalen Verhalten. Kulturbedingte Unterschiede ergeben sich vor allem im Kommunikationsverhalten beim Aufeinandertreffen von High- und Low-Context-Kulturen sowie neutralen oder emotionalen, reservierten oder expressiven Kulturen (▶ Kap. 2.3). Vergleichbares taucht bei Mayer unter der Kulturdimension ›Expressive vs. instrumentelle Kommunikation‹ auf, die ebenfalls potentieller Konfliktauslöser sein kann, indem die eine Partei z. B. emotional und mit viel Mimik und Gestik kommuniziert, die andere hingegen sachlich, pragmatisch und zielgerichtet (vgl. Mayer 2008, 177). Als zweites ergänzt sie noch den Grad der Direktheit der Kommunikation als Kulturdimension und möglichen Konfliktauslöser, indem sie zwischen direktem, offen-kritischem Kommunikationsstil und indirektem unterscheidet, der Dritte als Vermittler mit einbezieht, auch um einen Gesichtsverlust zu vermeiden (vgl. ebd., 176).

Ein konstruktiver Ansatz zur Verbesserung der Kommunikation stammt von Schulz von Thun (z. B. 2014). Indem seine ›*Quadratur der Botschaft*‹ auf interkulturelle Kommunikationssituationen übertragbar gemacht wird, werden implizit stattfindende Kommunikationsprozesse transparenter und es kann herausgefunden werden, auf welchem der vier Kanäle die Beteiligten gerade senden und empfangen. Wenn sich alle Beteiligten bewusst sind, dass der Sender einer Botschaft auf vier verschiedenen Kanälen seine Nachricht übermitteln kann und der Empfänger der Nachricht zwar auf den gleichen vier Kanälen empfangen, nicht aber im jeweils konkreten Fall eine Kongruenz bzgl. der Wahl des Kanals herrschen muss, hilft dies beim gegenseitigen Verständnis. Berücksichtigt man hierbei noch, dass es kulturspezifische Präferenzen für die Wahl des einen oder anderen Kanals geben kann (z. B. Kulturdimension Sach- vs. Beziehungsorientierung, ▶ Kap. 2.3), hilft auch dies beim frühzeitigen Verstehen und Aufdecken interkultureller Missverständnisse (Schulz von Thun 2014; Kumbier/Schulz von Thun 2008; Busch/Witte 2010, 69 ff.). Unter Zuhilfenahme des Modells kann somit herausgearbeitet werden, dass Kulturen Favoriten bei der Wahl des Kommunikationskanals haben. So kommunizieren, in Anlehnung an Hall, Low-Context-Kulturen bevorzugt auf der Sachebene und messen den Sachinformationen und dem tatsächlich verbal identifizierbaren Inhalten mehr Bedeutung bei als High-Context-Kulturen, die eher auf der Beziehungsebene kommunizieren und nonverbalen Signalen größere Wichtigkeit einräumen (vgl. Hall 1976; 1990).

8.5 Konfliktlösung und interkulturelle Mediation mit Kindern und Jugendlichen

Bisherige Ansätze zur interkulturellen Konfliktlösung und Mediation stehen sowohl inhaltlich als auch methodisch vor der Herausforderung, den Transfer der Zielgruppe auf Kinder und Jugendliche zu

8.5 Konfliktlösung und interkulturelle Mediation mit Kindern und Jugendlichen

ermöglichen. Insbesondere die wissenschaftliche Fachliteratur und die Trainingsmanuale zur interkulturellen Mediation fokussieren primär Erwachsene, thematisch noch eingeschränkt durch interkulturelle Konflikte im Berufsleben. Nachfolgend soll dieser Transfer in ausgewählten Punkten hergestellt werden.

Zentrale Aufgabe bei der gemeinsamen Erarbeitung von Konfliktlösungen ist das gemeinsame Sammeln, Durchdenken und Ausprobieren unterschiedlicher Konfliktlösungsstrategien sowie, die interkulturelle Kommunikation dauerhaft aufrechtzuerhalten bzw. wiederherzustellen. Hierauf aufbauend können Bennett zufolge diverse kulturübergreifende Konfliktlösungsstile herausgearbeitet werden. Er unterscheidet hierbei:

1. *Denial/Supression* oder Vermeidung, d. h. die Problemlösung wird in der Verleugnung des Konflikts gesehen, mit dem Ziel, Harmonie zu wahren und Unterschiede zu nivellieren;
2. *Power/Authority* oder Macht, gleichbedeutend mit dem Eingriff einer anerkannten Instanz und Autorität, die den Konflikt für die Beteiligten nach ihrem Ermessen löst;
3. *Third-Person Intermediary* oder Vermittlung durch einen externen Mediator oder Schlichter, der zu einer für beide Parteien zufriedenstellenden Lösung gelangt;
4. *Group Consensus* oder Gruppenkonsens, in Form von gemeinsam erarbeiteten und allseitig akzeptierten Konfliktlösungen;
5. *Direct Discussion* oder direkte Diskussion, die charakterisiert wird durch offene Gespräche der Parteien über den Konflikt sowie über offenen, aufrichtigen Austausch von Wahrnehmungen, Gefühlen und Positionen.
(vgl. Bennett 1995, dargestellt in Mayer & Boness 2004, 61, zit. n. Mayer 2008, 39)

Obwohl diese Konfliktlösungsstile als kulturübergreifend angesehen werden können, muss dennoch ergänzt werden, dass es kulturspezifische Präferenzen für einzelne Stile gibt. Sind Vertreter von Low-Context-Kulturen (vgl. Hall 1976; 1990; ▶ Kap. 2.3.4) Konfliktbeteiligte, z. B. Deutschland oder die USA, so werden sie vermutlich direkt, offen und sachorientiert kommunizieren, ihre Konflikte lösen und eher zum Stil der direkten Diskussion tendieren. Personen aus Kulturkreisen, die sich dagegen durch stark autoritäre und hierarchische Strukturen im Berufs- und sozialen Leben (▶ Kap. 2.3.2) auszeichnen, könnten den zweiten Stil bevorzugen, indem eine anerkannte Instanz oder Autorität den Konflikt für sie löst. Konfliktparteien aus kollektivistischen Kulturen (▶ Kap. 2.3.1) könnten den Stil des Gruppenkonsens wählen, wenn der Konflikt offen zur Sprache kommt, oder den Stil der Vermeidung, wenn er nicht ausgetragen werden soll, um Harmonie in der Gruppe zu wahren und keine Partei oder individuelles Verhalten herauszustellen. Wichtig zur erwähnen ist in diesem Kontext jedoch, dass Generalisierungen vermieden werden sollten, denn primär ist die Wahl des Konfliktlösungsstils situations- und personenabhängig, d. h. je nach Situation kann der ein oder andere Stil als der bessere, effektivere ausgewählt werden und zudem handeln nicht alle Personen trotz ähnlicher kultureller Werte nach dem gleichen Muster und wählen den ihren Kulturstandards (▶ Kap. 2.4) am ehesten entsprechenden Konfliktlösungsstil. Didaktisch kann dieses Modell mit Jugendlichen in Form einer Gruppendiskussion (Methode der ›Amerikanischen Debatte‹) aufgearbeitet werden, indem in Kleingruppen Vor- und Nachteile des jeweiligen Stils erarbeitet werden. Innerhalb der Kleingruppe sollen Argumente gesammelt werden, warum der ihr zugeteilte Stil die beste Konfliktlösungsmöglichkeit ist, die dann in einer offenen Diskussion mit abwechselnden Redeanteilen eingebracht werden.

Zentral bei der *interkulturellen Konfliktlösung* ist die Sensibilität für Kulturunterschiede und wachsende Empathie bzw. Ambiguitätstoleranz in interkulturellen Konflikten. Kimmel zustimmend können hier fünf Stadien wachsender Sensibilität identifiziert werden, die zunehmend für mehr interkulturelles Verständnis und konfliktfreiere interkulturelle Interaktion sorgen. Als erstes Stadium gilt nach Kimmel ›Unwissenheit‹, die sich in ›kulturellem Chauvinismus‹ zeigt, in dem die Konfliktparteien weder über Interesse an (motivationales Defizit) noch Kenntnisse über andere Kulturen (Wissensdefizit) verfügen. Das zweite Stadium thematisiert ›Ethnozentrismus‹, in dem die eigene Kultur als überlegen und der eigene kulturelle Wertekontext als Referenz angesehen werden. Im dritten Stadium, der ›Toleranz‹, gelingt es den Konfliktbeteiligten, Kulturspezifisches gekonnt wahrzunehmen und zu akzeptieren. Darauf aufbauend findet in Stadium vier eine ›Unterschiedsminimierung‹ statt, indem Unterschiede bagatellisiert oder nivelliert werden. Im letzten Stadium, dem ›Verstehen kultureller Unterschiede‹, gelingt es den Konfliktbeteiligten Unterschiede zu erfahren, anzuerkennen und zu verstehen sowie zu Empathie und Ambiguitätstoleranz zu gelangen (vgl. Kimmel 1994).

Ergänzend halten zunehmend *Methoden aus Beratung und Therapie* Einzug in die (interkulturelle) Mediation, die zwischenmenschliche Interaktion transparent und verständlich machen sowie eine Selbstreflexion eigenen Verhaltens bewirken sollen. Methodisch wäre hier beispielsweise der Einsatz von sog. Ich- und Du-Botschaften zu nennen (vgl. Mayer 2008, 118 ff., 139; Busch/Witte 2010, 65 ff.) sowie das Spiegeln (vgl. Busch/Witte 2010, 61; Mayer 2008) oder das sog. Reframing (vgl. Busch/Witte 2010, 65).

Wichtig ist es, die Bedürfnisse aller Beteiligten sensibel wahrzunehmen, anzuhören bzw. zu artikulieren und anschließend zu akzeptieren und zu respektieren. Aufrichtiges Interesse, Empathie und Toleranz gelten als unerlässliche Grundelemente der Konfliktlösung und sollten in jedem Konfliktlösungs- oder Mediationsansatz ausreichend Raum und Würdigung finden.

Interkulturelle Mediation

›Mediation‹ stammt aus dem Lateinischen und meint ›Vermittlung‹. Hierbei geht es vor allem um die Vermittlung zwischen zwei konträren Positionen zu einem Sachverhalt – in unserem Kontext – dem Thema des Konflikts entsprechend. Eine besondere Rolle kommt hierbei dem Mediator (Vermittler) zu, der nach Dulabaum ›allparteilich‹, ›akzeptierend‹, ›anerkennend‹ und ›affirmativ‹ (unterstützend, ermutigend) ist (vgl. Dulabaum 1998, 12 ff., zit. n. Mayer 2008, 107). In einem Konflikt lässt er beide Seiten zu Wort kommen und ausreden. Er oder sie versucht beide Seiten in ihrem Anliegen zu verstehen, bleibt dabei aber unparteilich und sorgt dafür, dass auch die jeweils andere Partei die Seite des Gegenübers im Konflikt anhört und verstehen kann. Gemeinsam mit den Konfliktparteien wird dann nach einer für alle Beteiligten akzeptablen und zufriedenstellenden Lösung gesucht oder es werden Kompromisse ausgehandelt. Insbesondere in der interkulturellen Mediation ergibt sich noch eine weitere Herausforderung, die Einfluss auf das Beziehungsgefüge der beteiligten Personen ausübt. Da die Konfliktbeteiligten häufig nicht die gleiche Sprache sprechen, ist der Einsatz eines Kulturmittlers oder Dolmetschers erforderlich, der sowohl durch fachliche, aber auch durch Interkulturelle Kompetenz überzeugen muss und von dem gerade auch im Mediationsprozess Sensibilität und Diplomatie gefordert sind.

Exemplarisch für einen *Mediationsverlauf* wird der von Busch & Witte (vgl. 2010, 30 ff.) skizziert. Andere Autoren (z. B. Mayer 2008; Montada/Kals 2001) stimmen im Wesentlichen mit dem dargestellten überein, nehmen jedoch leicht unterschiedliche Einteilungen und Gewichtungen vor – daher variieren z. B. Anzahl und Aufteilung der Phasen je nach Modell. Busch & Witte differenzieren einen Mediationsprozess idealtypisch in folgende Phasen: Sie unterscheiden die *Vorphase*, in der alle beteiligten Parteien zur Teilnahme am Mediationsverfahren gewonnen werden können und mit einbezogen werden. Die anschließende *Mediationsphase* wird in die fünf Phasen Einleitung, Problemdarstellung, Konflikterhellung, Lösungsphase und Vereinbarung feindifferenziert. Ziel der *Einleitung* ist es, den anwesenden Konfliktparteien Sicherheit zu geben. In der *Problemdarstellung* geht es darum, dass die Parteien genügend Zeit und Raum erhalten, ihre individuelle Sichtweise darzustellen. Die *Konflikterhellung* fokussiert nun Interessen, Gefühle und Bedürfnisse, wohingegen die *Problemlösung* die Handlungsoptionen der Parteien erweitern soll. Der Mediationsprozess schließt mit der *Vereinbarung*, eine überprüfbare, für beide zufriedenstellende Einigung auszuhandeln. Die anschließende *Umsetzungs- und Reflexionsphase* ist von zentraler Bedeutung, da die Beschlüsse der Mediation hier in das alltägliche Handeln transferiert und erprobt werden sollen. Auch die *Abschluss-*

8.5 Konfliktlösung und interkulturelle Mediation mit Kindern und Jugendlichen

evaluation wird dementsprechend als wichtig für die abschließende Aufarbeitung eines Konfliktes eingeschätzt (vgl. Busch/Witte 2010, 30 ff.).

Auch der Einsatz *von Rollenspielen* als Übung in der Ausbildung zum Streitschlichter oder Mediator gilt als effektive und beliebte Methode, da zu der kognitiven und emotionalen die Handlungsebene hinzukommt, in der Handlungsmöglichkeiten aktiv getestet, erprobt und geübt werden können. Eine gute Auswahl zu Rollenspielen im Bereich ›Mediation‹ liefern Busch & Witte (2010). Jedoch liegt bei ihnen nicht der Fokus auf der ›interkulturellen Mediation‹, es finden sich nur vereinzelt Beispiele mit direktem interkulturellen Bezug. Teilkomponenten Interkultureller Kompetenz auf der affektiven Ebene wie Empathie, Toleranz und Akzeptanz werden jedoch in Segmenten auch bei Busch & Witte (2010) mit Hilfe der Rollenspiele geschult und könnten so auch sinnvolle Bausteine des Aufbaus Interkultureller Kompetenz darstellen. Einige Fallbeispiele – konkret mit interkulturellem Kontext – liefert Mayer (2008).

Das Potential interkultureller Konfliktbearbeitung und Mediation liegt darin, dass grundlegende Fähigkeiten gelernt und erprobt werden können, die auch allgemein für interkulturelle Interaktionen wichtig sind. Aus Konflikten – seien sie nun interkultureller Art oder nicht – lässt sich ein Problembewusstsein lernen, eine Veränderungsbereitschaft entwickeln sowie die Bereitschaft, Konflikte einzugehen und aushalten zu können. Ferner sensibilisieren sie für Beziehungen, Interaktionen und Kommunikation. Eine erfolgreiche Konfliktbearbeitung und -lösung fördert die Fähigkeit zur Vermittlung, Kompromisse und Lösungen kommunikativ zu erarbeiten, schult moralisches und ethisches Handeln und fördert letztlich auch den Zusammenhalt untereinander. Nieke (vgl. 2008, 242) aufgreifend ist es jedoch insbesondere bei interkulturellen Konflikten essentiell, herauszustellen, wie wichtig die kulturelle Komponente innerhalb eines Konflikt tatsächlich ist oder ob es sich nicht doch primär um einen Konflikt aufgrund von individuellen Unterschieden der Beteiligten handelt. Kulturspezifisches Hintergrundwissen sei hier essentiell. Bei Konfliktlösung interkultureller Konflikte ist es zwar sinnvoll, auf dieses zurückgreifen zu können und über Sensibilität für Kulturunterschiede zu verfügen, jedoch sollten auch situative und individuelle Komponenten nicht übergangen werden, wenn nur noch die Kultur im Fokus ist.

9

Frühzeitiger Aufbau Interkultureller Kompetenzen und lebenslanges interkulturelles Lernen – ein Ausblick

Interkulturelles Lernen muss im Sinne einer Geragogik als lebenslanges Lernen verstanden werden und betrifft somit auch die Förderung Interkultureller Kompetenzen in allen Lebensaltern. In Zeiten kultureller Heterogenität und wachsender Mobilität im Zuge der Globalisierung ist der Erwerb interkultureller Fähigkeiten, d. h. Kompetenzen auf Wahrnehmungs-, Verständnis-, Analyse-, Reflexions- und konkreter Verhaltensebene unbedingt notwendig und von grundlegender Bedeutung im privaten Alltag wie professionellen Setting. Im Sinne des Verständnisses von Interkultureller Kompetenz als einem Konglomerat an persönlichen Fähigkeiten empfiehlt sich daher auf jeden Fall eine möglichst frühzeitig beginnende interkulturelle Förderung. Im Sinne des Verständnisses als Entwicklungsprozess, dessen Resultat Interkulturelle Kompetenz ist, ist der oben skizzierte Fakt des lebenslangen Lernens inbegriffen (▶ Kap. 6). Mit fortschreitendem Lebensalter, sich daraus ergebenden Entwicklungsaufgaben, Interessen und Themen können – wie exemplarisch in Kapitel 7 und 8 dargestellt – Medium und Art der Förderung alters-, zielgruppen- und situationsspezifisch angepasst werden, um die Heranwachsenden und Erwachsenen direkt in ihrem lebensweltlichen Bezug mit ihren spezifischen Werten, Interessen und bereits vorhandenen Fähigkeiten ›abzuholen‹ und effektiv zu fördern.

Dieses Buch verfolgt das Ziel, zum interkulturellen Austausch und mit den vorgestellten Ansätzen zu Förderung bei und trotz kultureller Differenzen anzuregen. Es soll dazu beitragen, die in der Einleitung beschriebenen ›Landkarten der Bedeutung‹, die Kulturen für ihre Mitglieder bereithalten, verständlicher zu machen und hilft dem Leser anhand derselben bei der ›Navigation‹ durch den interkulturellen Alltag. Interkulturelles Lernen und interkultureller Austausch sollen dabei jedem Einzelnen helfen, das eigene ›Feld der Möglichkeiten‹ stetig und lebenslang weiterentwickeln zu können. Bezogen auf Kulturen als übergeordnete Systeme bedeutet dieses ›Feld der Möglichkeiten‹, dass auch sie sich weiterentwickeln hin zu Interkulturen.

Literatur

Allport, G. W. (1971): Die Natur des Vorurteils. Köln.
Assion, H.-J. (2005): Migration und seelische Gesundheit. Heidelberg.
Auernheimer, G. (1999): Notizen zum Kulturbegriff unter dem Aspekt interkultureller Bildung. In: Gemende, M., Schröer, W. & Sting, S. (Hg.): Zwischen den Kulturen. Pädagogische und sozialpädagogische Zugänge zur Interkulturalität. (Dresdner Studien zur Erziehungswissenschaft und Sozialforschung). Weinheim, 27–36.
Augustat, C. (2010): Mein großer Ich- und Lebens-Steckbrief 1. Teil 1 – Viel Spaß beim Ausfüllen! Das impulsgebende Eintragbuch zur Selbstentfaltung in einer Lebensreise – Exklusiv für dich selbst! Für jeden geeignet! Norderstedt: Books on Demand.
Badawia, T. (2002): ›Der Dritte Stuhl‹ – Eine Grounded Theory-Studie zum kreativen Umgang bildungs-erfolgreicher Immigrantenjugendlicher mit kultureller Differenz. Frankfurt, M.
Badawia, T. (2006): ›Zweiheimisch‹, eine innovative Integrationsformel. In: Spohn, C. (Hg.): Zweiheimisch. Bikulturell Leben in Deutschland. Bonn, (bpb-Schriftenreihe, Bd. 579), 181–191.
Badawia, T. (2008): Mittendrin und/oder dazwischen? Identitätskonzepte von Migrantinnen und Migranten. In: Theunert, H. (Hg.): Interkulturell mit Medien. Die Rolle der Medien für Integration und interkulturelle Verständigung. München, 25–38.
Baur, H./Klein, D./Seuring, J./Walcher, G./Weidner, A. (2010): Fremdenfeindlichkeit im Ost-Westdeutschen Vergleich. Welchen Erklärungsbeitrag leisten Kontakt- und Konflikthypothese?. In: Siegert, M. & Kogan, I. (Hg.) (2010): Einstellungen gegenüber ethnischen Minderheiten in Europa – Analysen mit dem European Social Survey. Bamberg, 1–34.
Becker, G. E. (2000[8]): Lehrer lösen Konflikte. Ein Studien- und Übungsbuch. Weinheim.
Benedict, R. (1946): The chrysanthemum and the sword: Patterns of Japanese culture. Boston, USA: Houghton Mifflin company.
Bermejo, I./Mayninger, E./Kriston, L. (2010): Psychische Störungen bei Menschen mit Migrationshintergrund im Vergleich zur deutschen Allgemeinbevölkerung. In: Psychiatrische Praxis 37, 2010 (5), 225–232.

Literatur

Berry, J. (1997): Immigration, Acculturation, and Adaptation. In: Applied Psychology. An International Review 46 (1997), 5–34.
Berry, J. (1990): Psychology of Acculturation. Understanding Individuals Moving between Cultures. In: Brislin, R. (Hg.): Applied Cross-Cultural Psychology. Newbury Park, USA: Sage, 232–253.
Berry, J. (2008): Globalisation and acculturation. In: International Journal of Intercultural Relations 32 (2008), 328–336.
Berry, J./Phinney, J./Sam, D./Vedder P. (2006): Immigrant Youth: Acculturation, Identity, and Adaptation. In: Applied Psychology: an international Review 55, 2006 (3), 303–332.
Bertels, U./Hellmann de Manrique, I. (Hg.) (2011): Interkulturelle Streitschlichter – Interkulturelle Kompetenz als Schlüsselqualifikation für Jugendliche. Hrsg. v. Ethnologie in Schule und Erwachsenenbildung (ESE) e.V. Münster.
Besemer, C. (1994[2]): Mediation. Vermittlung in Konflikten. Königsfeld.
Böhm, W. (2000[15]): Wörterbuch der Pädagogik. Begründet von Wilhelm Hehlmann. Stuttgart.
Bolten, J. (2006): Interkulturelle Kompetenz. In: Tsvasman, L. R. (Hg.): Das große Lexikon Medien und Kommunikation. Würzburg, 163–166.
Bolten, J. (2007): Interkulturelle Kompetenz. Hrsg. v. d. Landeszentrale für Politische Bildung. Erfurt.
Borde, T./David, M. (Hg.) (2007): Migration und psychische Gesundheit. Belastungen und Potentiale. Frankfurt, M.
Bredella, L. (2007): Die Bedeutung von Innen- und Außenperspektive für die Didaktik des Fremdverstehens. Revisited. In: Bredella, L. & Christ, H. (Hg.): Fremdverstehen und interkulturelle Kompetenz. Tübingen, 11–30.
Bredella, L./Christ, H. (Hg.) (2007): Fremdverstehen und interkulturelle Kompetenz. Tübingen.
Broszinsky-Schwabe, E. (2011): Interkulturelle Kommunikation. Missverständnisse, Verständigung. Wiesbaden.
Busch, M./Witte, M. (2010): Mediation. Ein Rollenspielbuch. Schwalbach/Ts.
Bundesministerium für Arbeit und Soziales (BMAS) (Hg.) (2014): Lebenslagen in Deutschland. Der vierte Armuts- und Reichtumsbericht der Bundesregierung. Verfügbar unter: https://www.bmas.de/SharedDocs/Downloads/¬DE/PDF-Publikationen-DinA4/a334-4-armuts-reichtumsbericht-2013.pdf?__¬blob=publicationFile. [15-09-25].
Casper-Hehne, H./Gupte, N./Stilz, G. (2010): Kommunikation über Grenzen. Aktuelle Ansätze zur interkulturellen Verständigung. Göttingen.

Chao, R. K. (1994): Beyond Parental Control and Authoritarian Parenting Style: Understanding Chinese Parenting through the Cultural Notion of Training. In: Child Development 65 (1994), 1111–1119.

Cooper, R. (2013): Mapping Manhattan – A Love (and Sometimes Hate) Story of 75 New Yorkers. New York, USA: Abrams Image.

Deater-Deckard, K./Bates, J. E./Dodge, K. A./Petit, G. S. (1996): Physical discipline among African American and European American mothers: Links to children's externalizing behaviours. In: Developmental Psychology 32 (1996), 1065–1072.

DeHart, G./Cooper, R. G./Sroufe, L. A. (Hg.) (2004[5]): Child development. Its nature and course. Boston, USA: McGraw-Hill.

Dorfmüller-Karpusa, K. (1993): Kinder zwischen zwei Kulturen. Soziolinguistische Aspekte der Bikulturalität. Wiesbaden.

Ellinger, S. (2006): Zur Bedeutung von Scham- und Schuldkultur bei Migrationshintergrund in der Schule. Ergebnisse einer empirischen Studie nach der Grounded Theory. In: Sonderpädagogische Förderung 51 (4), 397–421.

Ellinger, S. (2007): Kulturabhängige Verhaltensstörungen in der Schule? Empirische Befunde und begriffliche Diskurse. In: Rumpler, F. & Wachtel, P. (Hg.): Erziehung und Unterricht – Visionen und Wirklichkeit. Tagungsband zum Sonderpädagogischen Kongress 2007. Würzburg, 248–261.

Ellinger, S. (2010a): Migration und kulturelle Gegensätze. In: Ahrbeck, B. & Willmann, M. (Hg.): Pädagogik bei Verhaltensstörungen. Ein Handbuch. Stuttgart, 326–332.

Ellinger, S. (2010b): Pädagogisches Handeln bei Migration und kulturellen Differenzen. In: Braune-Krickau, T. (Hg.): Handbuch diakonische Jugendarbeit. Neukirchen-Vluyn, 433–448.

Enßlin, U./Henkys, B. (2003): Vielfalt ins Gespräch bringen mit Persona Dolls. In: Preissing, C. (Hg.): Kleine Kinder – keine Vorurteile? Interkulturelle und vorurteilsbewusste Arbeit in Kindertageseinrichtungen. Freiburg (Breisgau), 118–131.

Eppenstein, T. (2013): Interkulturelle Kompetenz – Zumutung oder Zauberformel? In: Eppenstein, T., Krummacher, M. & Zacharaki I. (Hg.): Praxishandbuch interkulturelle Kompetenz. Vermitteln, vertiefen, umsetzen. Schwalbach/Ts., 29–43.

Erll, A./Gymnich, M. (2007): Interkulturelle Kompetenzen – erfolgreich kommunizieren zwischen den Kulturen. Stuttgart.

Fischer, C./Rott, D./Veber, M./Fischer-Ontrup, C./Gralla, A. (2014): Individuelle Förderung als schulische Herausforderung. Berlin: Friedrich-Ebert-

Stiftung. Verfügbar unter: http://library.fes.de/pdf-files/studienfoerderung/¬ 10650.pdf, 1–136. [15-09-08].

Foroutan, N./Schäfer, I. (2009): Hybride Identitäten – muslimische Migrantinnen und Migranten in Deutschland und Europa. In: Aus Politik und Zeitgeschichte 5/2009, 11–18.

Friedlmeier, W./Holodynski, M. (Hg.) (1999): Emotionale Entwicklung. Funktion, Regulation und soziokultureller Kontext von Emotionen. Heidelberg.

Friedlmeier, W./Matsumoto, D. (2007): Emotion im Kulturvergleich. In: Trommsdorff, G. & Kornadt, H.-J. (Hg.): Erleben und Handeln im kulturellen Kontext (Enzyklopädie der Psychologie C/VII/2). Göttingen, 219–282.

Fuhrer, U./Uslucan, H.-H. (Hg.) (2005): Familie, Akkulturation und Erziehung. Migration zwischen Eigen- und Fremdkultur. Stuttgart.

Genkova, P. (2003): Individualismus/Kollektivismus und hilfreiches Verhalten. Interkultureller.Vergleich zwischen Bulgarien und Deutschland. Frankfurt, M.

Gesteland, R. R. (2002): Global business behaviour. Erfolgreiches Verhalten und Verhandeln im internationalen Geschäft. München.

Glasl, F. (1999[6]): Konfliktmanagement. Ein Handbuch für Führungskräfte, Beraterinnen und Berater. (Organisationsentwicklung in der Praxis, Bd. 2). Bern.

Göhring, H./Kelletat, A. F. (2007): Interkulturelle Kommunikation. Anregungen für Sprach- und Kulturmittler. (Studien zur Translation, Bd. 13). Tübingen.

Gordon, T. (2005[44]): Familienkonferenz: die Lösung von Konflikten zwischen Eltern und Kind. München.

Grosse-Oetringhaus, H.-M. (2002[4]): United Kids. Spiel- und Aktionsbuch eine Welt. München.

Gudjons, H./Wagener-Gudjons, B./Pieper, M. (2008[2]): Auf meinen Spuren. Übungen zur Biografiearbeit. Bad Heilbrunn.

Gundelach, B./Traunmüller, R. (2010): Kulturelle Diversität und sozialer Zusammenhalt. Eine Mehrebenenanalyse zum Einfluss multikultureller Kontext auf das Sozialkapital in den deutschen Regionen. In: Freitag, M. & Vatter, A. (Hg.): Vergleichende subnationale Analysen für Deutschland. Institutionen, Staatstätigkeiten und politische Kulturen. (Policy-Forschung und Vergleichende Regierungslehre, 7). Münster, 315–344.

Hall, E. T. (1976): Die Sprache des Raumes. Düsseldorf.

Hall, E. T. (1983): The Dance of Life: The Other Dimension of Time. New York, USA: Anchor Books.

Hall, E. T. (1990): The hidden dimension. New York, USA: Anchor Books.

Hall, E. T./Hall, M. R. (1990): Understanding cultural differences. [Germans, French and Americans]. Boston, USA: Intercultural Press.
Han, P. (2007): Angst vor Fremden und Migrationsrealität – ein unlösbarer Widerspruch? In: Borde, T. & David, M. (Hg.): Migration und psychische Gesundheit. Belastungen und Potentiale. Frankfurt, M., 23–38.
Heckhausen, H. (1964): Entwurf einer Psychologie des Spielens. In: Psychologische Forschung 27 (1964), 225–243.
Hegemann, T. (2001): Einführung in die transkulturelle Psychiatrie. Bonn.
Hegemann, T./Lenk-Neumann, B. (Hg.) (2002): Interkulturelle Beratung. Grundlagen, Anwendungsbereiche und Kontext in der psychosozialen und gesundheitlichen Versorgung. Berlin.
Hegemann, T. (2004): Interkulturelle Kompetenz in Beratung und Therapie. In: Eimmermacher, H., Lanfranchi, A. & von Radice Wogau, J. (Hg.): Therapie und Beratung von Migranten. Systemisch-interkulturell denken und handeln. Weinheim, 79–91.
Hein, K. (2006): Hybride Identitäten. Bastelbiografien im Spannungsverhältnis zwischen Lateinamerika und Europa. Bielefeld.
Helfrich, H. (2003): Verbale Kommunikation im Kulturvergleich. In: Thomas, A. (Hg.) (2003^2): Kulturvergleichende Psychologie. Göttingen, 385–414.
Hesse, H.-G. (2001): Zur Aktualgenese interkultureller Konflikte. Eine Unterrichtsbeobachtung zur Dimension des »Individualismus-Kollektivismus«. In: Auernheimer, G., van Dick, R., Petzel, T. & Wagner, U. (Hg.): Interkulturalität im Arbeitsfeld Schule. Empirische Untersuchungen über Lehrer und Schüler. Opladen, 141–160.
Hofstede, G. H. (2001^2): Culture's consequences. Comparing values, behaviors, institutions, and organizations across nations. Thousand Oaks, California, USA: Sage Publications.
Hofstede, G. H./Hofstede, G. J. (2006^3): Lokales Denken, globales Handeln. Interkulturelle Zusammenarbeit und globales Management. München.
Holodynski, M. (2004): Die Entwicklung von Emotion und Ausdruck. Vom biologischen zum kulturellen Erbe. In: ZiF: Mitteilungen (3). Verfügbar unter: https://www.uni-bielefeld.de/ZIF/Publikationen/Mitteilungen/Aufsaetze/¬2004-3-Holodynski.pdf, 1–16. [15-09-15].
Holodynski, M./Friedlmeier, W. (2006): Kultur und Emotionsentwicklung. In: Holodynski, M. & Friedlmeier, W. (Hg.): Emotionen – Entwicklung und Regulation. Heidelberg, 171–208.
Hussy, W./Schreier, M./Echterhoff, G. (2010): Forschungsmethoden in Psychologie und Sozialwissenschaften – für Bachelor. Berlin.

Literatur

Keller, H. (2003²): Persönlichkeit und Kultur. In: Thomas, A. (Hg.): Kulturvergleichende Psychologie. Göttingen, 181–206.

Keller, H./Chasiotis, A. (2008): Entwicklung im Spannungsfeld zwischen Natur und Kultur. In: Hasselhorn, M. & Silbereisen, R. (Hg.). Entwicklungspsychologie des Säuglings- und Kindesalters (Enzyklopädie der Psychologie CV4). Göttingen, 531–570.

Keller, M./Krettenauer, T. (2007): Moralentwicklung im Kulturvergleich. In: Trommsdorff, G. & Kornadt, H.-J. (Hg.): Erleben und Handeln im kulturellen Kontext (Enzyklopädie der Psychologie C/VII/2). Göttingen, 521–556.

Kimmel, P. R. (1994): Cultural Perspectives on International Negotiations. In: Journal of Social Issues 50 1/1994, 179–196.

Kizilhan, J. (o. J.): Migrationserfahrung als Ausgangspunkt von Biographiearbeit – Ein Ansatz zum besseren Verständnis und zur Integration. Verfügbar unter: http://www.forschungsnetzwerk.at/downloadpub/kizilhan_35139p_DE.pdf, 1–9. [15-09-10].

Klinge, K. (2007): Interkulturelles Training mit synthetischen Kulturen. Münster (Westfalen). Online verfügbar unter http://repositorium.uni-muenster.¬de/document/miami/aa8f27e0-c09b-4046-a621-d39b95a23cac/diss_klinge.¬pdf [15-09-25].

Krebs, U. (2009): Erziehung und Sozialisation im Kulturvergleich anhand ethnologischer Monographien. In: Zwick, E. (Hg.): Pädagogik als Dialog der Kulturen. Grundlagen und Diskursfelder der interkulturellen Pädagogik. Berlin, 41–81.

Krewer, B. (1996): Kulturstandards als Mittel der Fremd- und Selbstreflexion in interkulturellen Begegnungen. In: Thomas, A. (Hg.): Psychologie interkulturellen Handelns. Göttingen, 147–164.

Kumbier, D./Schulz von Thun, F. (2008²): Interkulturelle Kommunikation: Methode, Modelle, Beispiele. Reinbek b. Hamburg.

Lamnek, S. (1996⁶): Theorien abweichenden Verhaltens: eine Einführung für Soziologen, Psychologen, Pädagogen, Juristen, Politologen, Kommunikationswissenschaftler und Sozialarbeiter. München.

Lattschar, B./Wiemann, I. (2007): Mädchen und Jungen entdecken ihre Geschichte. Grundlagen und Praxis der Biografiearbeit. Weinheim.

Lattschar, B. (o. J.): »Das Buch über mich« Biografiearbeit anhand eines Lebensbuches. Aktualisierte Fassung des Abdrucks in »Forum Erziehungshilfen 3/2005. Verfügbar unter: http://www.katho-nrw.de/uploads/media/Latt¬schar-Das-Buch-ueber-mich.pdf, 1–6. [15-09-10].

Layes, G. (2005b): Interkulturelles Lernen und Akkulturation. In: Thomas, A., Kinast, E.-U., Schroll-Machl, S. (Hg.) (2005[2]): Handbuch interkulturelle Kommunikation. Grundlagen und Praxisfelder (Bd. 1). Göttingen, 126–137.
Lederer, H. W./Rau, R./Rühl, S. (1999): Migrationsbericht 1999. Zu- und Abwanderung nach und aus Deutschland. Bamberg.
Leyendecker, B./Schölmerich, A. (2007): Interdependente und independente Orientierungen in Kindheit und Jugend. In: Trommsdorff, G. & Kornadt, H.-J. (Hg.): Erleben und Handeln im kulturellen Kontext (Enzyklopädie der Psychologie C/VII/2). Göttingen, 557–598.
Lindert, J./Brähler, E./Wittig, U./Mielck, A./Priebe, S. (2008): Depressivität, Angst und posttraumatische Belastungsstörung bei Arbeitsmigranten, Asylbewerbern und Flüchtlingen – Systematische Übersichtsarbeit zu Originalstudien. In: Pschother Psych Med 58 (2008), 109–122.
Lüddecke, J./Kloeters, U./Quehl, T. (2001): Interkulturelle und antirassistische Erziehung in der Schule. Auszüge aus einem Handbuch für LehrerInnen. Hrsg. v. Anti-Rassismus Informations-Centrum, ARIC-NRW e. V. Verfügbar unter: http://www.aric-nrw.de/files/pdf/Lehrerhandbuch_Auszug.pdf, 1–80. [15-09-10].
Maček, M. (2002): Suchtentwicklung – eine Form der Migration?. In: Hegemann, T. & Lenk-Neumann, B. (Hg.) (2002): Interkulturelle Beratung. Grundlagen, Anwendungsbereiche und Kontext in der psychosozialen und gesundheitlichen Versorgung. Berlin, 65–76.
Maccoby, E./Martin, J. A. (1983[4]): Socialization in the Context of the Family: Parent-Child Interaction. In: Hetherington, E. M. (Hg.): Handbook of Child Psychology. Socialization, Personality and Social Development. New York, USA, 1–102.
Maier, M./Pekrun, R. (2003[2]): Emotionen im Kulturvergleich. In: Thomas, A. (Hg.): Kulturvergleichende Psychologie. Göttingen, 281–308.
Maletzke, G. (1996): Interkulturelle Kommunikation. Zur Interaktion zwischen Menschen verschiedener Kulturen. Opladen.
Manschke, D. (2009): Kulturbedingte Verhaltensauffälligkeiten am Beispiel von türkischen Schülerinnen und Schülern in der Regelschule. In: Menzel, D. & Wiater, W. (Hg.): Verhaltensauffällige Schüler. Symptome, Ursachen und Handlungsmöglichkeiten. Bad Heilbrunn, 143–160.
Marks, S. (2008): Scham, Ehre und der ›Kampf der Kulturen‹. Tabuisierte Emotionen und ihre Bedeutung für die konstruktive Bearbeitung von Konflikten. Verfügbar unter: http://www.ziviler-friedensdienst.org/sites/ziviler-friedensdienst.org/files/anhang/publikation/zfd-scham-ehre-und-der-kampf-der-kulturen-796.pdf, 1–12. [15-09-10].

Literatur

Mayer, C.-H. (2008²): Trainingshandbuch interkulturelle Mediation und Konfliktlösung. Didaktische Materialien zum Kompetenzerwerb. Münster.

McDonald, D. (2009): Interkulturelle Mediation. Möglichkeiten und Grenzen eines Konzepts. Jena.

Mead, M. (1937): Cooperation and competition among primitive peoples. New York, USA: McGraw-Hill Book Company.

Memory Biografie- und Schreibwerkstatt e. V. (2009): Projekt Lebensbuch – Biografiearbeit mit Kindern und Jugendlichen an der Schule. Berlin. Online verfügbar unter: http://www.migration-online.de/data/memory_e_v_projekt_¬lebensbuch.pdf. [15-09-07].

Miethe, I. (2011): Biografiearbeit. Lehr- und Handbuch für Studium und Praxis. Weinheim.

Mintzel, A. (1997): Multikulturelle Gesellschaften in Europa und Nordamerika. Konzepte, Streitfragen, Analysen, Befunde. Passau.

Montada, L./Kals, E. (2001): Mediation. Lehrbuch für Psychologen und Juristen. Weinheim.

Moore, C. W. (1996²): The mediation process. Practical strategies for resolving conflict. San Francisco, CA, USA: Jossey-Bass Publishers.

Morgenstern, I. (2011): Projekt Lebensbuch. Biografiearbeit mit Jugendlichen. Hrsg. v. Memory Biographie- und Schreibwerkstatt e. V. Mülheim an der Ruhr.

Myschker, N./Stein, R. (2014⁷): Verhaltensstörungen bei Kindern und Jugendlichen. Erscheinungsformen – Ursachen – Hilfreiche Maßnahmen. Stuttgart.

Neuland, E. (2008): Verbale Grenz- und Generationsüberschreitungen? Thesen zum Verhältnis von Jugendsprache und Mediensprache. In: tv diskurs 45 12, 2008 (3), 36–41.

Nieke, W. (2008³): Interkulturelle Erziehung und Bildung. Wertorientierungen im Alltag. Wiesbaden.

Nienaber, U. (1995): Migration, Integration und Biographie. Biographieanalytische Untersuchungen auf der Basis narrativer Interviews am Beispiel von Spätaussiedlern aus Polen, Rumänien und der UdSSR. Münster.

Niesyto, H. (Hg.) (2001): Selbstausdruck mit Medien. Eigenproduktionen mit Medien als Gegenstand der Kindheits- und Jugendforschung. München.

Oerter, R. (1999): Psychologie des Spiels. Ein handlungstheoretischer Ansatz. Weinheim.

Osuji, W. (2010): Die 50 besten Spiele zum interkulturellen Lernen. München.

Piers, G./Singer, M. B. (1971): Shame and guilt. A psychoanalytic and a cultural study. New York, USA: Norton.

Podsiadlowski, A. (2004): Interkulturelle Kommunikation und Zusammenarbeit. Interkulturelle Kompetenz trainieren; mit Übungen und Fallbeispielen. München.

Rademacher, H./Wilhelm, M. (2005): Interkulturelle Spiele. Für das 5. bis 10. Schuljahr. Berlin.

Rademacher, H./Wilhelm, M. (2009): Spiele und Übungen zum interkulturellen Lernen. Berlin.

Reich, K. (Hg.) (2008): Methodenpool. Verfügbar unter: http://methodenpool.uni-koeln.de/download/biografiearbeit.pdf, 1–69. [15-09-10].

Reisch, B. (o. J.): Kultur und Kulturstandards. Ein Beitrag zum Impulstag »Interkulturelle Managementkompetenz«. 1–18. Online verfügbar unter http://www.ifim.de/reports/kultur_kulturstandards.pdf, 1–18. [15-09-07].

Riegel, C./Geisen, T. (2007): Zugehörigkeit(en) im Kontext von Jugend und Migration – eine Einführung. In: Riegel, C. & Geisen, T. (Hg.): Jugend, Zugehörigkeit und Migration. Subjektpositionierung im Kontext von Jugendkultur, Ethnizitäts- und Geschlechterkonstruktionen. Wiesbaden, 7–25.

Rogal, S. (2009): Schul-Spuren. Möglichkeiten Biographischen Lernens im Pädagogikunterricht. Hamburg.

Rolli, N./Völkening, M. (2004): Mundo. Spiele aus aller Welt. Luzern.

Ruhe, H. G. (2012[5]): Methoden der Biografiearbeit. Lebensspuren entdecken und verstehen. Weinheim.

Ryan, T./Walker, R. (2007[4]): Wo gehöre ich hin? Biografiearbeit mit Kindern und Jugendlichen. Weinheim.

Schäfer, D./Leberer, S./Hille, A. (2006[2]): Fremde Länder, gute Freunde. Freiburg (Breisgau).

Schäfer, G. E. (1989): Spielphantasie und Spielumwelt. Spielen, Bilden und Gestalten als Prozesse zwischen Innen und Außen. Weinheim.

Schäfers, B. (1992): Lektion II – Die Grundlagen des Handelns: Sinn, Normen, Werte. In: Korte, H. & Schäfers, B. (1992): Einführung in die Hauptbegriffe der Soziologie. Wiesbaden, 17–35.

Schirrmacher, C. (2002): Ehre und Schande im Islam. In: Schirrmacher, C. (2002): Kleines Lexikon zur islamischen Familie. Hänssler Verlag. Verfügbar unter: http://www.nbc-pfalz.de/pdf/religionen/schirrmacher_ehre-und-Schande-im-islam.pdf, 1–5. [15-09-10].

Schirrmacher, C. (2004): Kindererziehung und Familienwerte im Islam. Online verfügbar unter http://www.islaminstitut.de/uploads/media/Kindererziehung.pdf, 1–5. [15-09-07].

Literatur

Schmidt, B. (2009): Informelles Lernen – interkulturelle Perspektiven. In: Zwick, E. (Hg.): Pädagogik als Dialog der Kulturen. Grundlagen und Diskursfelder der interkulturellen Pädagogik. Berlin, Münster, 119–139.

Schönpflug, U. (2003[2]): Migration aus kulturvergleichender psychologischer Perspektive. In: Thomas, A. (Hg.): Kulturvergleichende Psychologie. Göttingen, 515–542.

Schramkowski, B. (2009[2]): Für mich aber hat dieses Integrationswort mit der Zeit seinen Wert verloren – Perspektiven junger Erwachsener mit Migrationshintergrund. In: Geisen, T. & Riegel, C. (Hg.): Jugend, Partizipation und Migration. Orientierungen im Kontext von Integration und Ausgrenzung. Wiesbaden, 149–167.

Schubert, K./Klein, M. (2011[5]): Das Politiklexikon. Bonn.

Schuck, K. D. (2006[2]): Fördern, Förderung und Förderbedarf. In: Antor, G. & Bleidick, U. (2001): Handlexikon der Behindertenpädagogik. Schlüsselbegriffe aus der Theorie und Praxis. Stuttgart, 84–88.

Schulz von Thun, F. (2014[51]): Miteinander reden: 1. Störungen und Klärungen. Allgemeine Psychologie der Kommunikation. Reinbek b. Hamburg.

Seitz, W./Rausche, A. (2004[4]): Persönlichkeitsfragebogen für Kinder zwischen 9 und 14 Jahren (PFK 9–14). Göttingen.

Seitz, W./Stein, R. (2010[4]): Verhaltensstörungen. In: Rost, D. H. (Hg.): Handwörterbuch Pädagogische Psychologie. Weinheim, 919–927.

Shaffer, D. R. (Hg.) (2005[5]): Social and personality development. Belmont, CA, USA: Wadsworth.

Shaffer, D. R./Kipp, K. (2007[7]): Developmental psychology. Childhood and adolescence. Belmont, CA, USA: Wadsworth.

Singelis, T./Triandis, H. C./Bhawuk, D. P. S., Gelfand, M. J. (1995): Horizontal and Vertical Dimensions of Individualism and Collectivism: A Theoretical and Measurement Refinement. In: Cross-Cultural Research 29, 1995 (3), 240–275.

Sluzki, C. E. (2001): Psychologische Phasen der Migration und ihre Auswirkungen. In: Hegemann, T. (Hg.): Einführung in die transkulturelle Psychiatrie. Bonn, 101–115.

Spohn, C. (Hg.) (2006): Zweiheimisch. Bikulturell Leben in Deutschland. Bonn (bpb-Schriftenreihe, Bd. 579).

Steffe, S. (2008): Mit 80 Kindern um die Welt. So leben Kinder anderswo: bunte Geschichten, Lieder und Spielaktionen. Münster.

Stein, R. (2011[2]): Grundwissen Verhaltensstörungen. Baltmannsweiler.

Stein, R./Stein, A. (2014[2]): Unterricht bei Verhaltensstörungen. Ein integratives didaktisches Modell. Stuttgart.

Tajfel, H./Turner, J. C. (1986): The social identity theory of intergroup behavior. In: Worchel, S. & Austin, W.G. (Hg.): Psychology of intergroup relations. Chicago, IL, USA: Nelson-Hall, 7–24.

Ter Horst, K./Mohr, K. (2011[3]): Mein Lebensbuch!!! Begleitheft. Verfügbar unter: http://www.das-lebensbuch.de/downloads/Begleitheft-Biografiearbeit_Lebensbuch-Stationaer.pdf, 1–20. [15-09-08].

Thomas, A. (o. J.): Interkulturelle Handlungskompetenz – Theorie und Praxis. Verfügbar unter http://www.caktas.de/Tom/IKH_TheoriePraxis.pdf, 1–30. [15-09-07].

Thomas, A. (2003[2]): Psychologie interkulturellen Lernen und Handelns. In: Thomas, A. (Hg.): Kulturvergleichende Psychologie. Göttingen, 433–486.

Thomas, A. (2004): Interkulturelle Kompetenz in Beratung und Therapie. In: Radice von Wogau, J./Eimmermacher, H./Lanfranchi, A. (Hg.) (2004): Therapie und Beratung von Migranten. Systemisch-interkulturell denken und handeln. Weinheim, 79–91.

Thomas, A. (2005): Grundlagen der interkulturellen Psychologie. Nordhausen.

Thomas, A./Kinast E.-U./Schroll-Machl, S. (Hg.) (2005[2]): Handbuch interkulturelle Kommunikation. Grundlagen und Praxisfelder (Bd. 1). Göttingen.

Triandis, H. C. (1994): Culture and social behavior. New York, USA: McGraw-Hill.

Triandis, H. C./Bontempo, R./Villareal, M. (1988): Individualism and Collectivism: Cross-Cultural Perspectives on Self-Ingroup Relationships. In: Journal of Personality and Social Psychology 54, 1988 (2), 323–338.

Triandis, H. C./Suh, E. M. (2002): Cultural Influences on Personality. In: Annual Reviews Psychology 53 (2002), 133–160.

Trommsdorff, G. (1995): Individualismus aus Sicht verschiedener Kulturen. In: Kreyher, V.-J. & Böhret, C. (Hg.): Gesellschaft im Übergang. Problemaufrisse und Antizipationen. Baden-Baden, 91–104.

Trommsdorff, G. (2003[2]): Kulturvergleichende Entwicklungspsychologie. In: Thomas, A. (Hg.): Kulturvergleichende Psychologie. Göttingen, 139–180.

Trommsdorff, G. (2007): Entwicklung im kulturellen Kontext. In: Trommsdorff, G. & Kornadt, H.-J. (Hg.): Erleben und Handeln im kulturellen Kontext (Enzyklopädie der Psychologie C/VII/2). Göttingen, 435–520.

Trommsdorff, G./Friedlmeier, W. (1999): Emotionale Entwicklung im Kulturvergleich. In: Friedlmeier, W. & Holodynski, M. (Hg.): Emotionale Entwicklung. Funktion, Regulation und soziokultureller Kontext von Emotionen. Heidelberg, 276–293.

Literatur

Trompenaars, F./Hampden-Turner, C. (1998[2]): Riding the waves of culture. Understanding cultural diversity in global business. New York, USA: McGraw-Hill.

Unicef (Hg.) (o. J.): Spiele rund um die Welt. Verfügbar unter: http://www.unicef.de/blob/10560/bc863992e19de55ce81c1d967e583791/spiele-rund-um-die-welt-2009-pdf-data.pdf, 1–37. [15-09-10].

Uslucan, H.-H. (2007): Erziehung und Sozialisation in Erziehung und Sozialisation in türkisch-islamischen Familien. Implikationen für die familienpsychologische Praxis 2007. Online verfügbar unter http://www.pb-paritaet.de/fachtagungen/dokumente2007/DokuUslucan.pdf, 1–16. [15-09-07].

Uslucan, H.-H. (o. J.): Sozialisationsbedingungen von Kindern in Migrantenfamilien. Folgen für die familienpsychologische und beraterische Praxis. Verfügbar unter: http://www.mobile-familienbildung.de/hr/HrSpFb-1.10.Sozialisationsbedingungen_von_Kindern_in_Migrantenfamilien.pdf, 1–8. [15-09-08].

Vom Wege, B./Wessel, M. (2008): Die schönsten Kinderspiele aus der ganzen Welt. Spielideen und Spielmaterialien. Freiburg (Breisgau).

Wagner, U./Küpper, B. (2007): Kulturbegegnungen und -konflikte. In: Trommsdorff, G. & Kornadt, H.-J. (Hg.): Anwendungsfelder der kulturvergleichenden Psychologie (Enzyklopädie der Psychologie C/VII/3). Göttingen, 87–133.

Wallbott, H. G. (2003[2]): Nonverbale Kommunikation im Kulturvergleich. In: Thomas, A. (Hg.): Kulturvergleichende Psychologie. Göttingen, 415–432.

Wenzler-Cremer, H. (2005): Bikulturelle Sozialisation als Herausforderung und Chance: eine qualitative Studie über Identitätskonstruktionen und Lebensentwürfe am Beispiel junger deutsch-indonesischer Frauen. Freiburg.

Wiemann, I. (2007[4]): Biografiearbeit mit Kindern ausländischer Herkunft. In: Ryan, T. & Walker, R. (2007[4]): Wo gehöre ich hin? Biografiearbeit mit Kindern und Jugendlichen. Weinheim, 135–141.

Zacharaki, I. (2013): Interkulturelle Kompetenz als Bildungsaufgabe im System sozialer Hilfen. In: Eppenstein, T., Krummacher, M. & Zacharaki, I. (Hg.): Praxishandbuch interkulturelle Kompetenz. Vermitteln, vertiefen, umsetzen. Schwalbach/Ts., 15–28.

Zimbardo, P. G. (1995[6]): Psychologie. Berlin.

Zimmermann, D. (2005[2]): Migration und Trauma: pädagogisches Verstehen und Handeln in der Arbeit mit jungen Flüchtlingen. Gießen.

Internetseiten zu Biographiearbeitprojekten

Lascelles, M./Davidson, R. (o. J.): Mapping Memories – One line only. Verfügbar unter: https://mappingmemories.wordpress.com/about/ [27.04.17].

Migration-Audio-Archiv (2015): Erzählte Migrationsgeschichte. Verfügbar unter: http://www.migration-audio-archiv.de/audioweb [27.04.17].

Map Your Memories – Project Manhattan, London, Istanbul, Harvard Square (o. J.): Verfügbar unter: http://mapyourmemories.tumblr.com/ [27.04.17].

Merseyside Maritime Museum (o. J): Mapping Memory. Verfügbar unter: http://www.liverpoolmuseums.org.uk/maritime/research/mappingmemory/themes/theme-maritime.html [27.04.17].

Brown University's Fox Point Oral History Collection (2015): Memory Maps. Verfügbar unter: https://www.brown.edu/academics/public-humanities/news/2015-03/amelia-grabowski-ma-15-mapping-memory [27.04.17].

Mapping Memories: Experiences of Refugee Youth (o. J.): Verfügbar unter: http://storytelling.concordia.ca/refugeeyouth/ [27.04.17].

Jörn Borke/Heidi Keller

Kultursensitive Frühpädagogik

2014. 146 Seiten
Kart. € 24,90
ISBN 978-3-17-022120-8

auch als EBOOK

Entwicklung und Bildung
in der Frühen Kindheit

Kulturelle Vielfalt ist im Kindergarten heute nicht mehr die Ausnahme, sondern gelebte und erfahrene Realität. In Kindertagesstätten treffen heute Eltern und Kinder mit ganz unterschiedlichen kulturellen Hintergründen zusammen, wobei es nicht immer einfach ist, die notwendige Sensibilität, Toleranz, aber auch den Respekt gegenüber anderen Werten und Normen, anderem Rollenverhalten der Geschlechter, anderen Familien- und Generationsverhältnissen aufzubringen. Das Buch entwickelt pädagogische Ansätze, die der Vielfalt in den KiTas gerecht werden. Grundlagen dafür liefert die kulturvergleichende Entwicklungspsychologie, die unterschiedliche kulturelle Modelle der Entwicklung, die unterschiedlichen Erziehungsstrategien und die Unterschiede in der sozialemotionalen, kognitiven und Selbstentwicklung der Kinder ins wissenschaftliche Visier nimmt.

W. Kohlhammer GmbH
70549 Stuttgart

Kohlhammer